1 x Gehacktes,
100 Gerichte

1 x Gehacktes, 100 Gerichte

Linda Doeser

Parragon

Bath • New York • Singapore • Hong Kong • Cologne • Delhi
Melbourne • Amsterdam • Johannesburg • Auckland • Shenzhen

Love Food ® is an imprint of Parragon Books Ltd

Text: Linda Doeser
Fotografien: Clive Bozzard-Hill
Fachberatung: Valerie Barrett

Realisation der deutschen Ausgabe: trans texas publishing, Köln
Übersetzung: Lisa Voges, Köln
Lektorat: Lesezeichen Verlagsdienste, Köln

ISBN: 978-1-4454-3186-4

Printed in China

Hinweis:
Sofern die Schale von Zitrusfrüchten benötigt wird, verwenden Sie unbedingt unbehandelte Früchte.
Sind Zutaten in Löffeln angegeben, ist immer ein gestrichener Löffel gemeint: Ein Teelöffel entspricht 5 ml, ein Esslöffel 15 ml.
Sofern nicht anders angegeben, wird Vollmilch (3,5 % Fett) verwendet.
Es sollte stets frisch gemahlener schwarzer Pfeffer verwendet werden.
Bei Eiern und einzelnen Gemüsesorten, z. B. Kartoffeln, verwenden Sie mittelgroße Exemplare.
Kinder, ältere Menschen, Schwangere, Kranke und Rekonvaleszenten sollten auf Gerichte mit rohen oder nur leicht gegarten Eiern verzichten.
Die angegebenen Zeiten können von den tatsächlichen leicht abweichen, da je nach verwendeter Zubereitungsmethode und vorhandenem Herdtyp Schwankungen auftreten.

Bildnachweis
Cover-Bild: Meat loaf, partly sliced © Robert Reiff/StockFood Creative/Getty Images

Inhalt

Einleitung

Einer der großen Vorzüge von Hackfleisch ist seine enorme Vielseitigkeit. Man kann es nicht nur auf die verschiedensten Arten zubereiten, z. B. zu Frikadellen und Hackbraten, Saucen oder Füllungen. Es lässt sich darüber hinaus mit unterschiedlichsten Aromen und Texturen kombinieren und so auf schier unendliche Weise variieren: zu scharfen oder wärmenden Gewürzen und Kräutern, Hülsenfrüchten, Käse oder jede Art von Gemüse – hier vor allem Tomaten, Zwiebeln und Champignons – bis hin zu Würzsaucen und -mischungen wie Fünf-Gewürze-Pulver oder Curry.
Ja sogar Früchte wie Äpfel oder Trauben schmecken prima dazu.

Grundsätzlich lässt sich die Hackfleisch-Grundmischung (siehe Seite 10) auf zwei Arten weiterverarbeiten: Zum einen können die rohen Zutaten sorgfältig vermengt und vor dem Garen zu Frikadellen, Bällchen, Spießen, Hackbraten etc. geformt werden. Alternativ können die Zutaten in einem Topf oder einer Pfanne angebraten und zu köstlichen Pastasaucen, Aufläufen, Gratins, Suppen und Eintöpfen weiterverarbeitet werden. Doch gibt es noch viele weitere Variationsmöglichkeiten für Hackfleisch, ob in Tortillas oder Pfannkuchen gewickelt, in Muffins gebacken oder als Hackbällchen frittiert.

Gut & Günstig

Hackfleisch ist eine günstige Wahl für ein Familienessen, nicht zuletzt, weil man damit aus wenig viel machen kann, vor allem dann, wenn man Hackfleisch mit anderen Zutaten vermengt und zu Frikadellen etc. formt oder mit reichlich nahrhaften Kohlenhydraten wie mit Pasta oder in einem leckeren Auflauf mit Kartoffeln serviert. Hackfleisch ist bei Jung und Alt gleichermaßen beliebt und ausgesprochen einfach in der Zubereitung. Auf den folgenden Seiten finden Sie 100 einfache und leckere Gerichte für jede Gelegenheit.

Jedoch gibt es erhebliche Unterschiede hinsichtlich der Qualität, und nicht selten bedeutet der Griff zum billigsten Angebot Sparen am falschen Ende. In den Selbstbedienungstheken vieler Supermärkte wird Hackfleisch abgepackt zum vermeintlichen Vorteilspreis angeboten. Diese Ware sieht zwar einwandfrei aus, besteht aber häufig aus minderwertigem, sprich fettreichem, sehnigem Fleisch. Das ist nicht nur wenig gesund, sondern letzten Endes auch Geldverschwendung. Grundsätzlich kann jedes Teilstück vom Rind durch den Fleischwolf gedreht und zu Hackfleisch verarbeitet werden. Bei besonders magerem Fleisch aus Rücken und Keule spricht man von „Tatar“, das auch gern roh verzehrt wird. Hackfleisch aus durchwachseneren Stücken ist perfekt geeignet zum Braten von herrlich saftigen Frikadellen.

Rohes Hackfleisch sollte am Tag des Kaufs, maximal am Folgetag verarbeitet werden. Allerdings lässt es sich auch gut bis zu drei Monate einfrieren; das gilt auch für viele gekochte Hackfleischzubereitungen wie etwa Bolognese-Sauce. Beim Kauf von abgepacktem

Hackfleisch aus dem Supermarkt sollten Sie auf das Verbrauchsdatum und eine unversehrte Verpackung achten. Lagern Sie die Packung im untersten Fach des Kühlschranks, getrennt von anderen Lebensmitteln. Hackfleisch vom Metzger darf nur am Herstellungstag verkauft werden und sollte zu Hause in einen sauberen Behälter mit Deckel umverpackt und im untersten Kühlschrankfach aufbewahrt werden.

Schweinehack enthält immer einen gewissen Fettanteil. Aus diesem Grund lässt es sich in einer beschichteten Pfanne auch ohne Fettzugabe anbräunen. Bei einigen Rezepten ist es wichtig, nach dem Anbraten so viel Fett wie möglich aus der Pfanne abzugießen, da das Hackfleisch für die weitere Zubereitung relativ trocken sein sollte.

Küchengeräte

Alle Rezepte in diesem Buch lassen sich mit einer herkömmlichen Küchenausstattung aus Messbechern, Schneidebrettern und Messern, Pfannen und Töpfen, Rührschüsseln und Co. zubereiten. Das einzige vielleicht etwas speziellere Kochgeschirr, das in zwei, drei Rezepten zum Einsatz kommt, ist ein Wok. Eine große Pfanne mit hohem Rand leistet hier aber fast ebenso gute Dienste.

Es lohnt sich, etwas mehr Geld in Töpfe und Pfannen zu investieren, zumal sie sich bei guter Pflege über viele Jahre halten. Kochgeschirr aus hochwertigem Material mit dickem, schwerem Boden leitet die Hitze optimal weiter, und die Speisen werden gleichmäßig gegart. Weitere Qualitätskriterien sind sichere Griffe und dicht aufliegende Deckel. Kochgeschirr sollte immer die passende Größe haben: In einem zu kleinen Topf garen die Zutaten nicht gleichmäßig,

während Zutaten in einem zu großen Topf schnell austrocknen können. Ein Bräter oder Schmortopf ist ideal für größere Zutatenmengen.

Auch beim Kauf von Messern und Wetzstahl sollte man nicht sparen. Achten Sie darauf, dass Ihre Messer immer gut geschärft sind; damit lässt sich nicht nur besser und schneller, sondern auch sicherer arbeiten. Messer werden idealerweise in einem Messerblock oder an einer Magnetleiste aufbewahrt. Das Aufbewahren in Schubladen zusammen mit anderen Küchenutensilien bekommt den Klingen nicht gut. Damit diese länger scharf bleiben, sind außerdem Schneidebretter aus weicheren Materialien wie Holz oder Kunststoff harten Materialen wie Glas, Metall oder Granit vorzuziehen.

Über die Hackfleisch-Grundmischung

Weil Rinderhackfleisch so vielseitig ist, lässt sich auch die Grundmischung problemlos variieren. Zwiebeln kommen fast immer darin vor, ob in Form von weißen oder roten Zwiebeln, Schalotten oder Frühlingszwiebeln. In vielen Gerichten wird außerdem Knoblauch verwendet, wenngleich sein Aroma nicht jedermanns Geschmack ist. In diesem Fall kann er einfach weggelassen werden.

Der Grundmischung werden nun Kräuter, Gewürze und andere Aromen zugegeben, um den Gerichten ihren individuellen Charakter zu verleihen. In den folgenden Rezepten kommen viele verschiedene frische und getrocknete Kräuter, Gewürze, Saucen und Würzmittel zum Einsatz. Andere Zutaten wie etwa Brühe, frische Tomaten oder solche aus der Dose, Kartoffeln, Semmelbrösel oder Champignons werden passend zur Art des Gerichts verwendet.

Hackfleisch-Grundmischung

Für 4–6 Personen

- 1 kg Hackfleisch
- 1 Zwiebel, fein gehackt (in den einzelnen Rezepten eventuell durch rote Zwiebeln, Schalotten oder Frühlingszwiebeln ersetzt)
- 1 Knoblauchzehe, zerdrückt (nach Belieben)
- Salz und Pfeffer

Auf dieser Grundmischung basieren im Prinzip alle 100 Rezeptvorschläge in diesem Buch.

Die Zutaten der Grundmischung sind in jedem Rezept mit einem Stern (*) gekennzeichnet. Folgen Sie einfach den Anleitungen, um eine Welt köstlicher, verführerischer Gerichte zu entdecken.

Bitte beachten Sie, dass die Zutatenmengen der Grundmischung von Rezept zu Rezept variieren können. Lesen Sie die Angaben also aufmerksam.

Einfach

Hackfleisch-Tomatensuppe

1. Das Öl in einem großen Topf erhitzen. Zwiebel und Knoblauch darin bei geringer Hitze unter gelegentlichem Rühren 5 Minuten weich dünsten. Chillies und Tomaten zugeben und 5 Minuten garen. Das Hackfleisch zufügen und bei mittlerer Hitze 6–8 Minuten leicht anbräunen. Dabei häufig rühren und Klümpchen mit einem Holzlöffel zerdrücken.

2. Karotten, Kartoffeln und Petersilie untermischen. Mit der Brühe ablöschen und mit Salz und Pfeffer würzen. Die Suppe zum Kochen bringen. Die Hitze reduzieren und mit Deckel 30 Minuten köcheln, bis alle Zutaten weich und gar sind.

3. Noch einmal mit Salz und Pfeffer abschmecken. Die Suppe in vorgewärmte Schalen füllen. Mit Petersilie garnieren und sofort mit Baguettebrötchen servieren.

Für 6 Personen

3 EL Sonnenblumenöl
* 1 Zwiebel, fein gehackt
* 1 Knoblauchzehe, zerdrückt

2 frische rote Chillies, entkernt und fein gehackt
4 große Tomaten, gehäutet und klein gewürfelt
* 500 g Rinderhackfleisch

2 Karotten, gewürfelt
2 Kartoffeln, gewürfelt
1–2 EL frisch gehackte glatte Petersilie, plus etwas mehr zum Garnieren
1,25 l Rinderbrühe
* Salz und Pfeffer

Baguettebrötchen, zum Servieren

2

Klassische Hamburger

1. Hackfleisch, Zwiebel, Petersilie und Worcestersauce in eine Schüssel geben. Salzen und pfeffern. Die Zutaten von Hand sorgfältig vermengen.

2. Die Mischung in 6 gleich große Portionen teilen und zu Kugeln formen. Dann vorsichtig zu Burgern flach drücken. 30 Minuten im Kühlschrank ruhen lassen.

3. Das Öl in einer großen Pfanne erhitzen. Die Burger portionsweise bei mittlerer Hitze 5–8 Minuten von jeder Seite braten. Die fertigen Burger warm halten, bis alle gebraten sind.

4. Die Brötchen mit den Burgern, Salatblättern, Tomaten, Essiggurken und Ketchup belegen.

Für 6 Personen

- 1 kg Rinderhackfleisch
- 1 kleine Zwiebel, gerieben
- 1 EL frisch gehackte Petersilie
- 2 TL Worcestersauce
- Salz und Pfeffer
- 2 EL Sonnenblumenöl

Zum Servieren

- 6 Hamburgerbrötchen, halbiert und getoastet
- Salatblätter
- Tomatenscheiben
- Essiggurken, in Scheiben
- Ketchup

Frikadellen im Speckmantel

1. Den Backofengrill vorheizen. Hackfleisch, Zwiebel, Knoblauch (falls verwendet), Semmelbrösel, Salbei und Ei in eine Schüssel geben. Salzen und pfeffern. Die Zutaten sorgfältig vermengen. Die Mischung in 6 gleich große Portionen teilen, zu Kugeln formen und leicht flach drücken.

2. Je 1 Speckscheibe um die Frikadellen wickeln und mit einem Holzspießchen feststecken.

3. Die Oberseite der Frikadellen mit etwas zerlassener Butter bestreichen und unter dem vorgeheizten Grill 5 Minuten grillen. Die Frikadellen mit einem Pfannenwender drehen. Mit der restlichen Butter bestreichen und weitere 4–5 Minuten bis zur gewünschten Garstufe grillen.

4. Die Frikadellen auf vorgewärmte Servierteller heben. Die Holzspießchen entfernen und die Frikadellen sofort servieren.

Für 6 Personen

- 650 g Rinderhackfleisch
- 1 große Zwiebel, sehr fein gehackt
- 1 Knoblauchzehe, zerdrückt (nach Belieben)
- 120 g frische Semmelbrösel
- 2 TL frisch gehackter Salbei
- 1 Ei (Größe L), leicht verquirlt
- Salz und Pfeffer
- 6 Scheiben Frühstücksspeck
- 3 EL zerlassene Butter

4

Köfte

1. Hackfleisch, Zwiebel, Knoblauch, Koriander und Gewürze in eine Schüssel geben. Salzen und pfeffern. Das Ei zufügen und die Zutaten von Hand zu einer sehr glatten Masse verarbeiten. Mit Frischhaltefolie abdecken und 30 Minuten im Kühlschrank ziehen lassen.

2. In der Zwischenzeit gehackte Minze und Joghurt in einer Schale verrühren und mit Salz abschmecken. Mit Frischhaltefolie abgedeckt bis zum Gebrauch kalt stellen.

3. Den Backofengrill oder den Holzkohlegrill vorheizen. Die Hackfleischmischung aus dem Kühlschrank nehmen. Von Hand kleine Portionen erst zu Kugeln, dann zu etwa 2 cm dicken Ovalen formen. Je 3 Köfte auf Metall- oder eingeweichte Holzspieße stecken.

4. Das Grillgitter mit Öl einfetten. Die Spieße, gegebenenfalls portionsweise, unter bzw. auf dem heißen Grill unter gelegentlichem Wenden 10–12 Minuten grillen, bis sie durchgegart sind. Mit Minzeblättern und Limettenspalten garnieren und sofort mit dem Minzejoghurt servieren.

Für 6–8 Personen

- 1 kg Rinderhackfleisch
- 1 weiße Zwiebel, gerieben
- 3 Knoblauchzehen, zerdrückt
- 4 EL frisch gehackter Koriander
- 1 TL gemahlener Kreuzkümmel
- ½ TL Zimt
- ½ TL Kurkuma
- 1 TL Paprikapulver
- Salz und Pfeffer
- 1 Ei (Größe L), leicht verquirlt
- 3 EL fein gehackte frische Minze, plus einige Blätter zum Garnieren
- 150 g Naturjoghurt
- Sonnenblumenöl, zum Bestreichen
- Limettenspalten, zum Garnieren

Hackfleisch mit Rührei

1. Die Butter in einer großen Pfanne zerlassen. Zwiebel und Knoblauch darin bei geringer Hitze unter gelegentlichem Rühren 5 Minuten weich dünsten. Das Hackfleisch zufügen und bei mittlerer Hitze 8–10 Minuten gleichmäßig anbräunen. Dabei häufig rühren und Klümpchen mit einem Holzlöffel zerdrücken.
2. Tomaten und Paprika zugeben. Die Hitze wieder reduzieren und unter gelegentlichem Rühren 15 Minuten köcheln, bis Hackfleisch und Gemüse gar sind. Worcestersauce und Petersilie untermischen. Salzen und pfeffern.
3. Die Eier in einer Schüssel leicht verquirlen und mit Salz und Pfeffer würzen. In die Pfanne gießen und einige Minuten rühren, bis die Eier gestockt sind.
4. Mit Petersilie garnieren und sofort mit Toast servieren.

Für 6 Personen

6 EL Butter
1 Zwiebel, in Ringen
1 Knoblauchzehe, zerdrückt
500 g Rinderhackfleisch
2 Tomaten, gehäutet, in Scheiben
1 kleine rote Paprika, gewürfelt
1 kleine gelbe Paprika, gewürfelt
1 EL Worcestersauce
1 EL frisch gehackte Petersilie, plus etwas zum Garnieren
Salz und Pfeffer
6 Eier
gebutterte Toastscheiben, zum Servieren

6

Chinapfanne mit Hackfleisch

Für 6 Personen

- 6 EL chinesischer Reiswein, ersatzweise trockener Sherry
- 3 Knoblauchzehen, zerdrückt
- 2 EL fein gehackter frischer Ingwer
- 1 EL dunkle Sojasauce
- 1 TL Sesamöl
- 1 EL Speisestärke
- 900 g Rinderhackfleisch
- 3 EL Erdnussöl
- 2 EL Hoisinsauce
- 2 EL Austernsauce
- 2 TL Reisessig
- 2 Karotten, schräg in feinen Scheiben
- 4 Frühlingszwiebeln, schräg in feinen Ringen
- 250 g Brokkoliröschen
- 1 große rote Paprika, in feinen Streifen
- 300 g Maiskölbchen, längs halbiert

1. Die Hälfte des Reisweins mit Knoblauch, Ingwer, Sojasauce, Sesamöl und Speisestärke in einer Schüssel verrühren. Das Hackfleisch zugeben und in der Marinade wenden. Mit Frischhaltefolie abdecken und 1 Stunde im Kühlschrank ziehen lassen.

2. Den Wok auf mittlerer Stufe erhitzen. Das Erdnussöl zugeben, durch Schwenken verteilen und erhitzen. Das Hackfleisch in den Wok geben und unter Rühren 3–5 Minuten anbräunen. Dabei Klümpchen mit einem Holzlöffel zerdrücken.

3. Restlichen Reiswein, Hoisinsauce, Austernsauce und Reisessig zufügen und unter Rühren 1 Minute garen.

4. Karotten, Frühlingszwiebeln, Brokkoli, Paprika und Mais untermischen und einige Minuten pfannenrühren, bis das Gemüse knackig gar ist. Sofort servieren.

7

Woknudeln mit Hackfleisch

1. Die Eiernudeln nach Packungsangaben kochen. Unter fließend kaltem Wasser abschrecken und abtropfen lassen. In eine Schüssel geben und in 1 Esslöffel Sesamöl wenden.

2. Einen Wok auf mittlerer Stufe erhitzen. Das Erdnussöl durch Schwenken darin verteilen und erhitzen. Die Zwiebel darin unter Rühren einige Minuten weich dünsten. Das Hackfleisch zufügen und 3–5 Minuten unter Rühren gleichmäßig anbräunen. Dabei Klümpchen mit einem Holzlöffel zerdrücken.

3. Ingwer, Chili und Fünf-Gewürze-Pulver zugeben und 1 Minute rühren. Dann Karotten, Paprika und Zuckererbsen zufügen und weitere 4 Minuten pfannenrühren.

4. Bohnensprossen, restliches Sesamöl und Nudeln unterheben und 2 Minuten unter Rühren erhitzen. Sofort servieren.

Für 6 Personen

500 g Eiernudeln
2 EL Sesamöl
2 EL Erdnussöl
* 1 Zwiebel, fein gehackt
* 650 g Rinderhackfleisch
3-cm-Stück frische Ingwerwurzel, in feinen Scheiben
1 frische rote Chili, entkernt, in feinen Ringen
1½ TL chinesisches Fünf-Gewürze-Pulver
2 Karotten, in feinen diagonalen Scheiben
1 rote Paprika, gewürfelt
100 g Zuckererbsen
175 g Bohnensprossen

8

Gebratener Reis mit Hackfleisch

1. Den Reis in einem großen Topf Salzwasser 15 Minuten gar kochen. Das Wasser abgießen. Den Reis mit kochendem Wasser abspülen, abtropfen lassen und beiseitestellen.

2. Einen Wok auf mittlerer Stufe erhitzen. Das Erdnussöl durch Schwenken darin verteilen und erhitzen. Die Eier darin unter ständigem Rühren 50–60 Sekunden braten, bis sie gestockt sind. Auf einen Teller geben und beiseitestellen.

3. Das Hackfleisch in den Wok geben und unter Rühren 4–5 Minuten gleichmäßig anbräunen. Dabei Klümpchen mit einem Holzlöffel zerdrücken. Zwiebel, Knoblauch und Erbsen untermischen und weitere 3–4 Minuten pfannenrühren.

4. Reis, Sojasauce, Zucker und Eier zugeben und unter ständigem Rühren 1–2 Minuten erhitzen. Sofort mit Krabbenchips servieren.

Für 6 Personen

500 g Langkornreis
Salz
2 EL Erdnussöl
4 Eier (Größe L), leicht verquirlt
650 g Rinderhackfleisch
1 große Zwiebel, fein gehackt
2 Knoblauchzehen, zerdrückt
150 g Erbsen, tiefgefroren
3 EL helle Sojasauce
1 TL Zucker
Krabbenchips, zum Servieren

9

Schnelles Hackfleisch-Curry

Für 4 Personen

- 4 EL Erdnussöl
- 1 große Zwiebel, fein gehackt
- 1 grüne Paprika, gewürfelt
- 1 TL Kreuzkümmelsamen
- 4 grüne Kardamomkapseln
- 2 Lorbeerblätter
- 500 g Tomaten, gehäutet und klein gewürfelt
- 2 Knoblauchzehen, zerdrückt
- 500 g Rinderhackfleisch
- 2 TL gemahlener Koriander
- 2 TL gemahlene Kurkuma
- 1 TL Chilipulver
- 600 ml Rinderbrühe
- Salz
- 2 EL frisch gehackter Koriander
- gegarter Reis und Naan-Brot, zum Servieren

1. Die Hälfte des Öls in einem großen Topf erhitzen. Zwiebel, Paprika, Kreuzkümmelsamen, Kardamomkapseln und Lorbeerblätter darin bei geringer Hitze unter ständigem Rühren 2–3 Minuten anbraten, bis die Gewürze zu duften beginnen. Die Tomaten zufügen und unter häufigem Rühren 10 Minuten garen.

2. In der Zwischenzeit das restliche Öl in einer Pfanne erhitzen. Den Knoblauch darin unter Rühren 1 Minute anbraten. Hackfleisch, Koriander, Kurkuma und Chilipulver zugeben und bei mittlerer Hitze 4–5 Minuten gleichmäßig anbräunen. Dabei ständig rühren und Klümpchen mit einem Holzlöffel zerdrücken. Die Hackfleischmischung zu den Tomaten geben.

3. Das Ganze mit der Brühe aufgießen und zum Kochen bringen. Dann die Hitze reduzieren und mit Deckel unter gelegentlichem Rühren 20–25 Minuten köcheln. Falls die Masse zu trocken wird, mit etwas Wasser strecken.

4. Lorbeerblätter und Kardamomkapseln entfernen. Mit Salz abschmecken. Mit Koriander garnieren und sofort mit Reis und Naan-Brot servieren.

10

Gefüllte Thai-Pfannkuchen

Für 2 Personen

- 4 EL Erdnussöl
- 4 Frühlingszwiebeln, fein gehackt
- 2 Knoblauchzehen, zerdrückt
- 250 g Rinderhackfleisch
- 2 Tomaten, gehäutet und klein gewürfelt
- 1 frische rote Chili, entkernt und fein gehackt
- 1 TL Zucker
- 3 EL thailändische Fischsauce
- Pfeffer
- 1 EL frisch gehackter Koriander, plus einige Stängel zum Garnieren
- 6 Eier

1. 2 EL Erdnussöl in einer Pfanne erhitzen. Frühlingszwiebeln und Knoblauch darin bei geringer Hitze unter gelegentlichem Rühren 4–5 Minuten weich dünsten. Das Hackfleisch zufügen und bei mittlerer Hitze 5–8 Minuten gleichmäßig anbräunen. Dabei häufig rühren und Klümpchen mit einem Holzlöffel zerdrücken.

2. Tomaten, Chili, Zucker und 2 Esslöffel Fischsauce unterrühren und mit Pfeffer würzen. Die Hitze wieder reduzieren und unter gelegentlichem Rühren 15–20 Minuten köcheln, bis die Masse eingedickt und alles gar ist. Den Koriander unterrühren.

3. Eier und restliche Fischsauce in einer Schüssel verquirlen. 1 EL Erdnussöl in einer Pfanne erhitzen. Die Hälfte der Eier einfüllen und durch Schwenken gleichmäßig in der Pfanne verteilen. Bei geringer Hitze einige Minuten garen, bis das Ei zu stocken beginnt.

4. Die Hälfte der Hackfleischmischung in die Pfannkuchenmitte geben. Die Ränder mit einem Pfannenwender so darüberklappen, dass ein Päckchen entsteht. Auf eine vorgewärmte Servierplatte heben. Auf dieselbe Weise mit dem restlichen Erdnussöl ein zweites Pfannkuchenpäckchen herstellen. Mit Koriander garnieren und sofort servieren.

Tex-Mex-Pizza

1. Den Backofen auf 200 °C vorheizen. Ein Backblech mit Öl einfetten. Das Öl in einem Topf erhitzen. Zwiebel und Knoblauch darin bei geringer Hitze unter Rühren 5 Minuten weich dünsten. Das Hackfleisch zugeben und bei mittlerer Hitze 5–8 Minuten gleichmäßig anbräunen. Dabei häufig rühren und Klümpchen mit einem Holzlöffel zerdrücken.

2. Überschüssiges Fett abgießen. Kreuzkümmel, Chillies und Bohnenpüree unter das Hackfleisch mischen. Das Wasser zugießen und alles mit Salz würzen. Die Hitze reduzieren und alles 5 Minuten köcheln. Dann den Topf vom Herd nehmen.

3. In der Zwischenzeit für den Pizzateig Mehl, Backpulver und Salz in eine Schüssel sieben. Die Butter mit den Fingern in die Trockenzutaten reiben, bis eine feinkrümelige Masse entstanden ist. Fast die ganze Milch einarbeiten, bis ein weicher Teig entstanden ist. Nur bei Bedarf weitere Milch zufügen. Den Teig auf einer leicht bemehlten Arbeitsfläche kurz durchkneten. Dann zu einem 25 cm großen Kreis ausrollen und auf das vorbereitete Backblech heben. Einen kleinen Rand formen.

4. Die Hackfleischmasse gleichmäßig auf dem Teig verteilen und mit dem Käse bestreuen. Im Ofen 18–20 Minuten backen, bis der Teig goldbraun und der Käse geschmolzen ist. Mit Avocadoscheiben, Chiliringen und saurer Sahne garnieren. Sofort servieren.

Für 2 Personen

- 2 EL Sonnenblumenöl, plus etwas zum Bestreichen
- 1 kleine Zwiebel, fein gehackt
- 1 Knoblauchzehe, zerdrückt
- 250 g Rinderhackfleisch
- 1 TL gemahlener Kreuzkümmel
- 4 eingelegte Jalapeño-Chillies, abgetropft und fein gehackt
- 400 g Frijoles refritos (Bohnenpüree), aus der Dose
- 150 ml Wasser
- Salz
- 150 g geriebener Emmentaler

Pizzateig

- 175 g Mehl, plus etwas mehr zum Bestäuben
- 1½ TL Backpulver
- 1 Prise Salz
- 2 EL Butter
- 100–125 ml Milch

Zum Garnieren

- Avocadoscheiben
- frische rote Chiliringe
- saure Sahne

12

Knusprige Hackfleischpuffer

1. Das Eigelb in einer großen Schüssel blassgelb und cremig aufschlagen. Hackfleisch, Zwiebel, Backpulver, Petersilie und Worcestersauce zugeben. Salzen und pfeffern. Die Zutaten sorgfältig vermengen.

2. Das Eiweiß in einer sauberen Schüssel steif schlagen und vorsichtig unter die Hackfleischmischung heben.

3. Das Öl in einer großen Pfanne erhitzen. Die Hackfleischmischung in esslöffelgroßen Portionen im Öl 3 Minuten braten. Die Puffer sollten aufgegangen und am Rand gebräunt sein. Die Puffer mit einem Pfannenwender wenden und weitere 2–3 Minuten braten.

4. Mit einem Schaumlöffel herausnehmen und auf Küchenpapier abtropfen lassen. Warm halten, bis alle Puffer fertig sind. Dann sofort servieren.

Für 4 Personen

4 Eier, getrennt
250 g Rinderhackfleisch
1 kleine Zwiebel, sehr fein gehackt
½ TL Backpulver
2 EL frisch gehackte Petersilie
1 EL Worcestersauce
Salz und Pfeffer
4 EL Sonnenblumenöl

13

Pasta bolognese

1. Das Öl in einem großen Topf mit gut schließendem Deckel erhitzen. Zwiebel, Knoblauch, Sellerie und Karotte darin bei geringer Hitze unter gelegentlichem Rühren 5 Minuten weich dünsten. Das Hackfleisch zugeben und bei mittlerer Hitze 5–8 Minuten gleichmäßig anbräunen. Dabei häufig rühren und Klümpchen mit einem Holzlöffel zerdrücken.

2. Die Pilze zufügen und weitere 3–4 Minuten garen. Tomaten, Tomatenmark, Zucker, Kräuter, Pasta und Wein untermischen. Die Brühe zufügen und so viel Wasser angießen, bis die Zutaten knapp bedeckt sind. Gut rumrühren.

3. Die Hitze reduzieren. Bei geschlossenem Deckel etwa 15–20 Minuten köcheln, bis die Pasta al dente und die Sauce eingedickt ist. Mit Salz und Pfeffer abschmecken. Sofort servieren.

Für 4 Personen

- 2 EL Olivenöl
- 1 Zwiebel, gehackt
- 1 Knoblauchzehe, zerdrückt
- 1 Selleriestange, klein gewürfelt
- 1 Karotte, klein gewürfelt
- 500 g Rinderhackfleisch
- 120 g Champignons, in Scheiben
- 400 g gehackte Tomaten aus der Dose
- 1 EL Tomatenmark
- 1 TL Zucker
- 1 Prise getrockneter Oregano
- 1 EL frisch gehackte glatte Petersilie
- 175 g getrocknete Fusilli
- 150 ml Rotwein
- 1½ EL gekörnte Rinderbrühe oder 1 Rinderbrühwürfel
- Salz und Pfeffer

14

Schnelle Lasagne

1. Das Öl in einem Topf erhitzen. Hackfleisch, Zwiebel, Knoblauch und Karotte darin bei mittlerer Hitze 5–8 Minuten gleichmäßig anbräunen. Dabei häufig rühren und Klümpchen mit einem Holzlöffel zerdrücken.

2. Die Kräuter untermischen. Salzen und pfeffern. Die passierten Tomaten zugießen und zum Kochen bringen. Dann die Hitze reduzieren und die Hackfleischmischung bei geschlossenem Deckel 15 Minuten köcheln.

3. In der Zwischenzeit den Backofen auf 190 °C vorheizen. Ricotta und Ei glatt rühren.

4. Hackfleischmischung, Lasagneblätter, Ricotta und Mozzarella abwechselnd in eine Auflaufform schichten. Mit einer Schicht Mozzarella enden. Im Ofen 40–45 Minuten backen, bis die oberste Schicht goldbraun ist und Blasen wirft. Aus dem Ofen nehmen und vor dem Servieren 5 Minuten ruhen lassen.

Für 6 Personen

2 EL Olivenöl
500 g Rinderhackfleisch
1 Zwiebel, gehackt
1 Knoblauchzehe, zerdrückt
1 Karotte, gewürfelt
1 EL frisch gehackte glatte Petersilie
6 Basilikumblätter, zerzupft
Salz und Pfeffer
600 g passierte Tomaten
500 g Ricotta
1 Ei, leicht verquirlt
8 Lasagneblätter
250 g geriebener Mozzarella

15

Ofenkartoffeln mit Hackfleisch

Für 4 Personen

- 4 große Ofenkartoffeln
- 2 EL Sonnenblumenöl
- 2 Frühlingszwiebeln, fein gehackt, plus etwas zum Garnieren
- 1 Knoblauchzehe, zerdrückt
- 350 g Rinderhackfleisch
- 1 EL Tomatenmark
- 1 EL helle Sojasauce
- 150–200 ml Rinderbrühe
- Salz und Pfeffer

1. Den Backofen auf 220 °C vorheizen. Die Kartoffeln rundum mit einer Gabel einstechen, damit beim Garen Dampf entweichen kann. Auf einem Backblech im Ofen etwa 1¼–1½ Stunden garen, bis sie weich sind.

2. In der Zwischenzeit das Öl in einem Topf erhitzen. Frühlingszwiebeln und Knoblauch darin bei geringer Hitze unter Rühren 5 Minuten weich dünsten. Das Hackfleisch zugeben und bei mittlerer Hitze 8–10 Minuten gleichmäßig anbräunen. Dabei häufig rühren und Klümpchen mit einem Holzlöffel zerdrücken.

3. Tomatenmark, Sojasauce und 150 ml Brühe unterrühren. Salzen und pfeffern. Die Hitze reduzieren und alles bei geschlossenem Deckel unter gelegentlichem Rühren 25–30 Minuten garen. Falls die Mischung zu trocken wird, weitere Brühe zugießen.

4. Die Kartoffeln aus dem Ofen nehmen und in 4 Servierschalen setzen. In der Mitte kreuzweise einschneiden und die Öffnung vorsichtig weiten. Die Hackfleischmischung einfüllen. Mit Frühlingszwiebeln garnieren und sofort servieren.

16

Hackfleischkuchen

1. Für den Teig Mehl, Backpulver, Cayennepfeffer und Salz in eine Schüssel sieben. Eine Vertiefung in die Mitte drücken. Das Ei und die Hälfte der Milch hineingeben. Mit einem Holzlöffel alles grob verrühren. Dann mit einem elektrischen Handrührer zu einem glatten, schaumigen Teig verarbeiten. Die restliche Milch unterrühren. Abgedeckt 30 Minuten ruhen lassen.

2. In der Zwischenzeit den Backofen auf 220 °C vorheizen. Hackfleisch, Zwiebel, Knoblauch und Petersilie in einer Schüssel vermengen. Salzen und pfeffern.

3. Das Öl in einer flachen Bratform sehr stark erhitzen. Die Form vom Herd nehmen. Den Teig kurz durchrühren und die Hälfte in die Form füllen. Mit einem Palettenmesser die Hackfleischmischung darauf verteilen. Den restlichen Teig darübergießen.

4. Im vorgeheizten Ofen 20 Minuten backen, bis der Teig Blasen wirft. Dann die Hitze auf 180 °C reduzieren und weitere 30 Minuten goldbraun backen.

5. Mit Petersilie garnieren, in Stücke schneiden und sofort servieren.

Für 6 Personen

- 650 g Rinderhackfleisch
- ½ Zwiebel, fein gehackt
- 1 Knoblauchzehe, zerdrückt
- 1 EL fein gehackte frische Petersilie, plus etwas mehr zum Garnieren
- Salz und Pfeffer
- 2 EL Sonnenblumenöl

Teig

- 120 g Mehl
- ½ TL Backpulver
- 1 Prise Cayennepfeffer
- 1 Prise Salz
- 1 Ei (Größe L)
- 300 ml Milch

17

Knusperfrikadellen

Für 6 Personen

- 2 EL Sonnenblumenöl
- 1 weiße Zwiebel, fein gehackt
- 2 Knoblauchzehen, zerdrückt
- 1 kg Rinderhackfleisch
- 3 Eier
- 2 EL saure Sahne
- 1 EL frisch gehackte glatte Petersilie, plus einige Blätter mehr zum Garnieren
- 1 TL Paprikapulver edelsüß
- 150 g frische Semmelbrösel
- Salz und Pfeffer
- 6 EL Butter

1. Das Öl in einer Pfanne erhitzen. Zwiebel und Knoblauch darin bei geringer bis mittlerer Hitze unter gelegentlichem Rühren 8–10 Minuten goldbraun anbraten.
2. Zwiebel und Knoblauch in eine große Schüssel geben. Hackfleisch, 1 Ei, saure Sahne, Petersilie, Paprika und 1 Handvoll Semmelbrösel zufügen. Salzen und pfeffern. Die Zutaten von Hand sorgfältig vermengen, dann zu 12 gleich großen Frikadellen formen.
3. Die restlichen Eier in einer flachen Form leicht verquirlen. Die restlichen Semmelbrösel in einer zweiten flachen Form verteilen. Die Frikadellen erst im Ei, dann in den Semmelbröseln wenden, Brösel andrücken.
4. Die Butter in einer großen Pfanne zerlassen. Die Frikadellen portionsweise bei mittlerer Hitze 5–6 Minuten von jeder Seite braten, bis sie goldbraun und durchgegart sind. Aus der Pfanne nehmen und warm halten, bis alle Frikadellen fertig sind. Mit Petersilie garnieren und sofort servieren.

18

Hackfleisch-Kartoffel-Kroketten

1. Die Kartoffeln schälen und in einem großen Topf in Salzwasser 25–30 Minuten kochen, bis sie gar sind, aber noch nicht auseinanderfallen. Gut abtropfen lassen. In eine Schüssel geben und glatt stampfen oder kneten.

2. Zwiebel, Hackfleisch, Schnittlauch, Petersilie und Worcestersauce zufügen. Salzen und pfeffern. Die Zutaten sorgfältig vermengen. Falls genug Zeit bleibt, die Mischung mit Frischhaltefolie abgedeckt 30–45 Minuten im Kühlschrank ziehen lassen.

3. Mit befeuchteten Händen zu 12 Kroketten formen. Die Eier in einer flachen Form leicht verquirlen. Das Mehl in einer zweiten flachen Form verteilen, die Semmelbrösel in einer dritten.

4. Eine große Pfanne 1 cm hoch mit Öl füllen und erhitzen. In der Zwischenzeit die Kroketten erst in Mehl, dann in Ei und zuletzt in Semmelbröseln wenden. Überschüssige Brösel abklopfen.

5. Die Kroketten, gegebenenfalls portionsweise, bei mittlerer Hitze 8–10 Minuten rundum frittieren, bis sie knusprig, gleichmäßig gebräunt und durchgegart sind. Mit einem Schaumlöffel aus der Pfanne nehmen und warm halten, bis alle Kroketten fertig sind. Sofort servieren.

Für 6 Personen

1 kg Kartoffeln
1 Zwiebel, fein gehackt
500 g Rinderhackfleisch
1 EL Schnittlauchröllchen
1 EL frisch gehackte Petersilie
2 TL Worcestersauce oder Ketchup
Salz und Pfeffer
3 Eier
3 EL Mehl
175 g frische Semmelbrösel
Sonnenblumenöl, zum Frittieren

Kohlrouladen

Für 4–6 Personen

Olivenöl, zum Einfetten

12 große Wirsing- oder Weißkohlblätter, grobe Mittelrippen entfernt

4 Frühlingszwiebeln, fein gehackt

1 Knoblauchzehe, zerdrückt

350 g Rinderhackfleisch

1 frischer Zweig Salbei, Blätter fein gehackt

Salz und Pfeffer

2 EL brauner Zucker

400 g gehackte Tomaten aus der Dose

1. Den Backofen auf 190 °C vorheizen. Eine große Auflaufform mit Öl einfetten.

2. Wasser in einem großen Topf zum Kochen bringen. Die Kohlblätter darin 1 Minute blanchieren. Mit einer Küchenzange herausnehmen und auf Küchenpapier abtropfen lassen.

3. Frühlingszwiebeln, Knoblauch, Hackfleisch und Salbei in eine Schüssel geben. Salzen und pfeffern. Die Zutaten sorgfältig vermengen.

4. Die Hackfleischmischung in 12 gleich große Portionen teilen und zu Rollen formen. Je eine auf das untere Ende der Kohlblätter legen und aufrollen. In der Mitte die Seiten des Kohlblatts einschlagen. Mit der Nahtseite nach unten nebeneinander in die vorbereitete Form legen.

5. Die Kohlwickel gleichmäßig mit dem Zucker bestreuen und mit den Tomaten übergießen. Mit Alufolie abdecken und im Ofen 1 Stunde garen. Sofort servieren.

20

Gefüllte Zwiebeln

1. Für einen besseren Stand eine dünne Kappe vom Boden der Zwiebeln abschneiden. Dann oben einen Deckel abschneiden. Salzwasser in einem Topf zum Kochen bringen und die Zwiebeln darin bei geschlossenem Deckel 20 Minuten garen. In der Zwischenzeit das Brot mit der Milch übergießen und einweichen.

2. Die Zwiebeln mit einem Schaumlöffel aus dem Wasser heben und etwas abkühlen lassen. Die Brühe im Zwiebelkochwasser auflösen und beiseitestellen. Die Zwiebeln aushöhlen, ohne die äußere Schicht aufzureißen.

3. Den Backofen auf 180 °C vorheizen. Das Brot ausdrücken und mit Hackfleisch, Knoblauch, Kreuzkümmel, Koriander, 1 Esslöffel Brühe und etwa drei Vierteln der Eimasse in eine Schüssel geben. Salzen und pfeffern. Die Zutaten sorgfältig vermengen. Die Zwiebeln mit der Hackfleischmasse füllen. Die Oberfläche mit dem restlichen Ei bestreichen und die Zwiebeln mit Mehl bestäuben.

4. Reichlich Öl in einer Fritteuse auf 180–190 °C erhitzen, bis ein Brotwürfel darin in 30 Sekunden bräunt. Die gefüllten Zwiebeln, gegebenenfalls portionsweise, 5–8 Minuten goldbraun frittieren. 2 Esslöffel Sonnenblumenöl in einem Bräter erhitzen. Die Zwiebeln nebeneinander hineinsetzen und die Form bis zu halber Zwiebelhöhe mit Brühe füllen. Mit Alufolie abdecken und im Ofen 30 Minuten schmoren, bis die Zwiebeln sehr weich sind. Sofort servieren.

Für 6 Personen

12 mittelgroße Zwiebeln, geschält

2 Scheiben Weißbrot, ohne Rinde, halbiert

175 ml heiße Milch

2 EL gekörnte Rinderbrühe oder 1 Rinderbrühwürfel

300 g Rinderhackfleisch

1 kleine Knoblauchzehe, zerdrückt

½ TL gemahlener Kreuzkümmel

½ TL gemahlener Koriander

2 Eier, leicht verquirlt

Salz und Pfeffer

Mehl, zum Bestäuben

2 EL Sonnenblumenöl, plus etwas mehr zum Frittieren

21

Hackfleisch-Muffins

Ergibt 12 Stück

- Butter, zum Einfetten
- 350 g Rinderhackfleisch
- 1 kleine Zwiebel, sehr fein gehackt
- 140 g Maiskörner aus der Dose, abgetropft
- 1 EL frisch gehackte Petersilie
- Salz und Pfeffer
- 250 g Mehl
- 2 TL Backpulver
- 2 Eier
- 250 ml Milch
- 125 ml Sonnenblumenöl
- 120 g geriebener Emmentaler

1. Den Backofen auf 200 °C vorheizen. Eine 12er-Muffinform großzügig mit Butter einfetten.
2. Hackfleisch, Zwiebel, Mais und Petersilie in eine Schüssel geben. Salzen und pfeffern. Die Zutaten sorgfältig vermengen.
3. Mehl, Backpulver und 1 Prise Salz in eine zweite Schüssel sieben und eine Vertiefung in die Mitte drücken. Die Eier mit Milch und Öl verquirlen und in die Vertiefung gießen. Nach und nach mit den Trockenzutaten zu einem Teig verarbeiten.
4. Die Vertiefungen der Muffinform zu einem Viertel mit Teig füllen. Die Hackfleischmischung daraufgeben und mit der Hälfte des Käses bestreuen. Mit dem restlichen Teig bedecken und mit dem restlichen Käse bestreuen. Im Ofen 20 Minuten goldbraun backen. Heiß oder lauwarm servieren.

Lieblings-
gerichte

22

Klassische Hackbällchen

1. Das Brot in Stücke zupfen und in eine Schüssel geben. Mit Wasser bedecken und 5 Minuten einweichen.

2. Hackfleisch, Zwiebel, Ketchup und Ei in eine Schüssel geben. Salzen und pfeffern. Das Brot ausdrücken und in die Schüssel geben. Die Zutaten zu einer glatten Masse vermengen. Das Wasser zugeben und 5 Minuten kneten. Beiseitestellen.

3. Für die Sauce das Öl in einem Topf erhitzen. Zwiebel und Knoblauch darin bei geringer Hitze unter gelegentlichem Rühren 5 Minuten weich dünsten. In einer Schüssel das Tomatenmark mit dem Wasser verrühren. Zusammen mit den Tomaten in den Topf geben und zum Kochen bringen. Dann unter gelegentlichem Rühren 15–20 Minuten offen köcheln, bis die Sauce eingedickt ist. Im Mixer oder mit dem Stabmixer glatt pürieren. In einen Schmortopf füllen und mit Zucker, Salz und Pfeffer abschmecken.

4. In der Zwischenzeit die Hackfleischmischung mit befeuchteten Händen zu 20 Bällchen formen.

5. Die Sauce wieder zum Kochen bringen. Die Hackbällchen hineinsetzen und unter gelegentlichem Topfrütteln 30 Minuten köcheln, bis sie gar sind. Mit Petersilie garnieren und sofort servieren.

Für 4 Personen

3 Scheiben Weißbrot, ohne Rinde

650 g Rinderhackfleisch

1 Zwiebel, gerieben

125 ml Ketchup

1 Ei, leicht verquirlt

Salz und Pfeffer

3 EL Wasser

frisch gehackte Petersilie, zum Garnieren

Tomatensauce

2 EL Sonnenblumenöl

1 Zwiebel, fein gehackt

2 Knoblauchzehen, zerdrückt

2 EL Tomatenmark

100 ml Wasser

400 g gehackte Tomaten aus der Dose

1–2 TL brauner Zucker

Salz und Pfeffer

23

Köttbullar

1 Die Kartoffeln in einem Topf mit Salzwasser 15–20 Minuten kochen, bis sie gar sind, aber noch nicht auseinanderfallen. Gut abtropfen lassen. Dann in einer Schüssel zerstampfen oder kneten und etwas abkühlen lassen.

2 Frische Semmelbrösel, Hackfleisch, Zwiebel, Ei, Zucker und Gewürze dazugeben. Salzen und pfeffern. Die Zutaten sorgfältig vermengen. Die Hackfleischmischung mit angefeuchteten Händen zu kleinen Bällchen formen. Die Hackbällchen in den trockenen Semmelbröseln wenden.

3 Die Butter in einer großen Pfanne zerlassen. Die Hackbällchen portionsweise bei mittlerer Hitze 10 Minuten rundum braten, bis sie goldbraun und durchgegart sind. Mit einem Schaumlöffel herausnehmen und auf Küchenpapier abtropfen lassen. Fertige Hackbällchen warm halten, bis alle fertig sind und die Sauce zubereitet ist.

4 Für die Sauce das Mehl in die Pfanne zur verbliebenen Butter streuen und unter Rühren 1 Minute anschwitzen. Die Pfanne vom Herd nehmen. Nach und nach unter Rühren zuerst die Brühe, dann die Sahne einrühren. Salzen und pfeffern. Die Pfanne bei geringer Hitze wieder auf den Herd setzen und rühren, bis die Sauce eingedickt und glatt ist.

5 Die Hackbällchen wieder in die Pfanne geben und gut durcherhitzen. Sofort servieren.

Für 4 Personen

2 Kartoffeln, in kleinen Stücken

1 Handvoll frische Semmelbrösel

650 g Rinderhackfleisch

1 kleine Zwiebel, gerieben

1 Ei, leicht verquirlt

1 TL brauner Zucker

je 1 Prise geriebene Muskatnuss, gemahlener Piment, Ingwerpulver und gemahlene Gewürznelke

Salz und Pfeffer

50 g feine, trockene Semmelbrösel

6 EL Butter

Sauce

2 EL Mehl

250 ml Rinderbrühe

250 g Sahne

Salz und Pfeffer

24

Kalter Hackbraten

1. Den Backofen auf 160 °C vorheizen. Hackfleisch, Zwiebel, Knoblauch (falls verwendet), Pilze, Semmelbrösel, Eier, Senf, Worcestersauce, Selleriesalz und Petersilie in eine Schüssel geben. Mit Pfeffer würzen. Die Zutaten sorgfältig vermengen.
2. Die Mischung in eine Kastenform (25 cm Länge) geben und gut andrücken. Mit den Speckscheiben belegen.
3. Die Kastenform in eine Bratform setzen. Bis zur halben Höhe der Kastenform kochendes Wasser in die Bratform gießen. Im vorgeheizten Ofen 1½ Stunden backen, bis ein in die Mitte gestochener Holzspieß sauber wieder herauskommt.
4. Die Kastenform aus dem Ofen nehmen und das Fett abgießen. Den Hackbraten 1 Stunde abkühlen lassen. Mit einem Messer aus der Form lösen und auf eine Servierplatte stürzen. Den Hackbraten in Alufolie einschlagen und im Kühlschrank etwa 4 Stunden ziehen lassen. In Scheiben schneiden und kalt mit der Tomatensauce servieren.

Für 4 Personen

- 500 g Rinderhackfleisch
- 1 Zwiebel, fein gehackt
- 2 Knoblauchzehen, zerdrückt (nach Belieben)
- 150 g fein gehackte Pilze
- 100 g frische Semmelbrösel
- 2 Eier, leicht verquirlt
- 2 TL Dijon-Senf
- 1 TL Worcestersauce
- 1 TL Selleriesalz
- 1 EL frisch gehackte Petersilie
- Pfeffer
- 8–10 Scheiben Frühstücksspeck
- 1 Portion Tomatensauce (siehe Seite 58), zum Servieren

25

Spaghetti bolognese

Für 4 Personen

- 2 EL Olivenöl
- 3 Scheiben Frühstücksspeck, in dünnen Streifen
- 1 Zwiebel, fein gehackt
- 1 Karotte, klein gewürfelt
- 1 Selleriestange, klein gewürfelt
- 2 Knoblauchzehen, zerdrückt
- 500 g Rinderhackfleisch
- 150 g Champignons, in feinen Scheiben
- 120 g Hühnerleber, fein gehackt (nach Belieben)
- 400 g gehackte Tomaten aus der Dose
- 2 EL Tomatenmark
- 150 ml Weißwein
- 300 ml Rinderbrühe
- 1 Lorbeerblatt
- 1 Prise getrockneter Oregano
- Salz und Pfeffer
- 500 g Spaghetti
- 2 EL Butter
- Parmesanspäne, zum Servieren

1. Das Öl in einem Topf erhitzen. Speck, Zwiebel, Karotte, Sellerie und Knoblauch darin bei geringer Hitze unter gelegentlichem Rühren 5 Minuten weich dünsten.
2. Das Hackfleisch zugeben und bei mittlerer Hitze etwa 8–10 Minuten gleichmäßig anbräunen. Dabei häufig rühren und Klümpchen mit einem Holzlöffel zerdrücken. Pilze und Hühnerleber (falls verwendet) untermischen und unter häufigem Rühren weitere 3–4 Minuten garen.
3. Tomaten, Tomatenmark, Wein, Brühe, Lorbeerblatt und Oregano zufügen. Salzen und pfeffern. Die Mischung zum Kochen bringen. Dann die Hitze wieder reduzieren und bei geschlossenem Deckel unter gelegentlichem Rühren etwa 1 Stunde köcheln.
4. Kurz vor Ende der Garzeit Salzwasser in einem großen Topf zum Kochen bringen. Die Spaghetti darin nach Packungsangaben 8–10 Minuten al dente kochen, dann abtropfen lassen. Wieder in den Topf geben und in der Butter wenden.
5. Die Sauce vom Herd nehmen und das Lorbeerblatt entfernen. Die Spaghetti unterheben. In eine vorgewärmte Servierschüssel füllen, mit Parmesan garnieren und sofort servieren.

26

Makkaroni-Käse-Auflauf

1. Das Öl in einem Topf erhitzen. Zwiebel und Knoblauch darin bei geringer Hitze unter Rühren 5 Minuten weich dünsten. Das Hackfleisch zugeben und bei mittlerer Hitze 8–10 Minuten gleichmäßig leicht anbräunen. Dabei häufig rühren und Klümpchen mit einem Holzlöffel zerdrücken. Mais, Tomaten und Kräuter untermischen. Salzen und pfeffern. Die Hitze wieder reduzieren und bei geschlossenem Deckel unter gelegentlichem Rühren 25–30 Minuten köcheln.

2. Salzwasser in einem großen Topf zum Kochen bringen. Die Makkaroni darin etwa 10 Minuten oder nach Packungsangabe al dente kochen.

3. Die Butter in einem zweiten Topf zerlassen. Das Mehl einstreuen und unter Rühren 2 Minuten anschwitzen. Den Topf vom Herd nehmen und langsam die Milch einrühren. Den Topf wieder auf den Herd setzen und die Sauce unter Rühren zum Kochen bringen. Die Hitze reduzieren und unter Rühren 5 Minuten köcheln, bis die Sauce eingedickt und glatt ist. Vom Herd nehmen. Senf und 150 g Käse einrühren.

4. Den Backofengrill vorheizen. Die Nudeln gut abtropfen lassen und mit der Käsesauce vermengen. Die Hackfleischmischung in eine Auflaufform füllen und die Käsemakkaroni darauf verteilen. Mit dem restlichen Käse bestreuen und unter dem Grill einige Minuten gratinieren, bis die Oberfläche goldbraun ist und Blasen wirft. Sofort servieren.

Für 6 Personen

2 EL Olivenöl
1 Zwiebel, gehackt
1 Knoblauchzehe, zerdrückt
500 g Rinderhackfleisch
200 g Maiskörner aus der Dose, abgetropft
400 g gehackte Tomaten aus der Dose
1 TL getrocknete gemischte Kräuter
Salz und Pfeffer
250 g Makkaroni
3 EL Butter
3 EL Mehl
500 ml Milch
2 TL Dijon-Senf
200 g geriebener Emmentaler

27

Spaghetti mit Hackbällchen

1. Das Öl in einer Pfanne erhitzen. Zwiebel und Knoblauch darin bei geringer Hitze unter Rühren 5 Minuten weich dünsten. In eine Schüssel füllen und Thymian, Hackfleisch, Semmelbrösel und Ei dazugeben. Salzen und pfeffern. Die Zutaten sorgfältig vermengen und zu 20 Hackbällchen formen.

2. Eine beschichtete Pfanne auf mittlerer Stufe erhitzen. Die Hackbällchen darin unter Wenden 15 Minuten rundum anbräunen.

3. Den Backofengrill vorheizen. Für die Sauce Zwiebelspalten und Paprikahälften, Schnittseite nach unten, auf dem Backofenrost unter dem Grill unter häufigem Wenden 10 Minuten grillen, bis die Paprikahaut Blasen wirft und schwarz wird. Die Paprikahälften in einen Plastikbeutel geben, verschließen und abkühlen lassen. Die Zwiebelspalten beiseitestellen.

4. Die Paprika häuten. Das Fruchtfleisch grob hacken. Mit Zwiebelspalten und Tomaten in der Küchenmaschine oder mit dem Stabmixer glatt pürieren. Salzen und pfeffern. In einen Topf füllen, das Lorbeerblatt zufügen und zum Kochen bringen. Die Hitze reduzieren und unter gelegentlichem Rühren 10 Minuten köcheln. Das Lorbeerblatt wieder entfernen.

5. In der Zwischenzeit Salzwasser in einem großen Topf zum Kochen bringen. Die Spaghetti darin nach Packungsangabe oder 10 Minuten al dente kochen. Abtropfen lassen und sofort mit den Hackbällchen und der Sauce servieren.

Für 4 Personen

1 EL Olivenöl

1 kleine Zwiebel, fein gehackt

2 Knoblauchzehen, zerdrückt

2 frische Zweige Thymian, Blättchen fein gehackt

650 g Rinderhackfleisch

25 g frische Semmelbrösel

1 Ei, leicht verquirlt

Salz und Pfeffer

500 g Spaghetti

Sauce

1 Zwiebel, in Spalten

3 rote Paprika, halbiert

400 g gehackte Tomaten aus der Dose

1 Lorbeerblatt

Salz und Pfeffer

28

Klassische Lasagne

1. Das Öl in einem Topf erhitzen. Den Speck darin unter häufigem Wenden 3–4 Minuten anbraten. Zwiebel, Knoblauch, Karotten und Sellerie zugeben und bei geringer Hitze unter Rühren 5 Minuten weich dünsten. Das Hackfleisch zugeben und bei mittlerer Hitze 8–10 Minuten gleichmäßig anbräunen. Dabei häufig rühren und Klümpchen mit einem Holzlöffel zerdrücken. Oregano, Petersilie und Tomaten untermischen. Salzen und pfeffern. Die Hitze wieder reduzieren und unter gelegentlichem Rühren 30 Minuten köcheln.

2. Den Backofen auf 200 °C vorheizen. Für die Sauce die Milch mit Pfefferkörnern, Zwiebel, Lorbeerblatt und Mazis in einen Topf geben und einmal kurz aufkochen. Den Topf vom Herd nehmen und die Milch 10 Minuten ziehen lassen. Durch ein Sieb in einen Rührbecher gießen. Die Butter in einem sauberen Topf zerlassen. Das Mehl einstreuen und unter Rühren 2 Minuten anschwitzen. Vom Herd nehmen und langsam die Milch einrühren. Die Sauce unter Rühren zum Kochen bringen. Die Hitze reduzieren und die Sauce unter Rühren einige Minuten köcheln, bis sie eingedickt ist. Vom Herd nehmen und mit Salz und Pfeffer abschmecken.

3. Hackfleischmischung, Lasagneblätter, Bechamelsauce und Parmesan abwechselnd in eine Auflaufform schichten. Mit einer Schicht Sauce, bestreut mit Parmesan, abschließen. Im Ofen 30 Minuten goldbraun backen. Vor dem Servieren 10 Minuten ruhen lassen.

Für 6 Personen

3 EL Olivenöl

2 Scheiben Frühstücksspeck, in schmalen Streifen

1 weiße Zwiebel, gehackt

2 Knoblauchzehen, zerdrückt

2 Karotten, klein gewürfelt

2 Selleriestangen, klein gewürfelt

350 g Rinderhackfleisch

1 Prise getrockneter Oregano

1 EL frisch gehackte Petersilie

400 g gehackte Tomaten aus der Dose

Salz und Pfeffer

250 g Lasagneblätter

125 g frisch geriebener Parmesan

Bechamelsauce

500 ml Milch

6 schwarze Pfefferkörner

1 Zwiebelscheibe

1 Lorbeerblatt

1 Stück Mazis (Muskatblüte)

3 EL Butter

3 EL Mehl

Salz und Pfeffer

29

Sloppy Joes

1. Eine beschichtete Pfanne erhitzen. Hackfleisch, Zwiebel, Knoblauch und Paprika darin bei mittlerer Hitze 8–10 Minuten gleichmäßig anbräunen. Dabei häufig rühren und Klümpchen mit einem Holzlöffel zerdrücken. Das Fett abgießen.
2. Senf, Ketchup, Essig, Zucker und Gewürz, falls verwendet, untermischen. Salzen und pfeffern. Die Hitze reduzieren und unter gelegentlichem Rühren 30 Minuten köcheln.
3. Die Mischung auf die Brötchen verteilen und sofort servieren.

Für 4 Personen

- 500 g Rinderhackfleisch
- 1 Zwiebel, gehackt
- 1 Knoblauchzehe, gehackt
- 1 grüne Paprika, klein gewürfelt
- 1 EL milder Senf
- 150 ml Ketchup
- 1 TL weißer Essig
- 1 EL brauner Zucker
- 1 Prise Chilipulver, gemahlene Gewürznelken oder Paprikapulver (nach Belieben)
- Salz und Pfeffer
- 4 Hamburgerbrötchen, halbiert

30

Hamburger mit Käsefüllung

1. Den Backofengrill vorheizen. Hackfleisch, Zwiebel, Knoblauch, Meerrettich und Thymian in eine Schüssel geben. Salzen und pfeffern. Die Zutaten sorgfältig vermengen, dann zu 8 gleich großen, flachen Frikadellen formen.

2. 4 Frikadellen in der Mitte mit dem Käse belegen. Mit den restlichen Frikadellen bedecken. Die Ränder vorsichtig zusammendrücken und glätten, sodass der Käse vollständig eingeschlossen ist.

3. Unter dem Grill 5–6 Minuten von jeder Seite grillen. Mit den Brötchen und Rucola zusammensetzen und sofort servieren.

Für 4 Personen

- 500 g Rinderhackfleisch
- 1 Zwiebel, fein gehackt
- 1 Knoblauchzehe, zerdrückt
- 1 TL Sahnemeerrettich
- 1 EL frisch gehackter Thymian
- Salz und Pfeffer
- 80 g Gorgonzola oder Feta, zerkrümelt
- 4 Hamburgerbrötchen, halbiert und getoastet
- Rucola, zum Servieren

31

Gefüllte Paprika

Für 4 Personen

- 4 große rote Paprika
- 3 EL Sonnenblumenöl, plus etwas zum Einfetten
- 2 Zwiebeln, fein gehackt
- 2 Knoblauchzehen, fein gehackt
- 2 frische grüne Chillies, entkernt und fein gehackt
- 500 g Rinderhackfleisch
- 1 TL Tabascosauce
- Salz
- 2 EL Mehl
- 250 ml Rinderbrühe
- 150 g Sahne
- 200 g Frischkäse
- 1 Prise Cayennepfeffer
- 120 g Rosinen

1. Von den Paprika eine Kappe abschneiden und Kerne und Zwischenhäute herauslösen, ohne das Fruchtfleisch zu verletzen. Die Stiele aus den Kappen herausschneiden und das Fruchtfleisch hacken.
2. Das Öl in einer Pfanne erhitzen. Zwiebeln, Knoblauch, Chillies und gehackte Paprika darin bei geringer Hitze unter Rühren 5 Minuten weich dünsten. Hackfleisch und Tabascosauce zugeben und salzen. Bei mittlerer Hitze 8–10 Minuten gleichmäßig anbräunen. Dabei häufig rühren und Klümpchen mit einem Holzlöffel zerdrücken. Mit dem Mehl bestäuben. Nach und nach die Brühe unterrühren. Unter Rühren zum Kochen bringen. Dann die Hitze wieder reduzieren und bei geschlossenem Deckel 30 Minuten köcheln.
3. Den Backofen auf 180 °C vorheizen. Eine Auflaufform mit Öl einfetten. Die Paprika mit der Hackfleischmischung füllen und in die Auflaufform setzen. Im Ofen 45 Minuten garen.
4. Sahne, Frischkäse und Cayennepfeffer in einen Topf geben. Mit Salz würzen und glatt rühren. Die Rosinen zufügen und auf mittlerer Stufe unter Rühren erhitzen, aber nicht kochen.
5. Die Paprika aus dem Ofen nehmen und mit der Frischkäsesahne übergießen. Wieder in den Ofen schieben und weitere 15 Minuten garen. Sofort servieren.

32

Hackfleisch auf Karotten-Pastinaken-Püree

1. Das Öl in einer Pfanne erhitzen. Zwiebel und Karotten darin bei geringer Hitze unter gelegentlichem Rühren 5 Minuten weich dünsten. Das Hackfleisch zufügen und bei mittlerer Hitze 8–10 Minuten gleichmäßig anbräunen. Dabei häufig rühren und Klümpchen mit einem Holzlöffel zerdrücken.

2. Thymian und Haferflocken untermischen. Mit der Brühe ablöschen. Salzen und pfeffern. Die Mischung zum Kochen bringen. Dann die Hitze wieder reduzieren und ohne Deckel unter gelegentlichem Rühren 25–30 Minuten köcheln, bis die Mischung eingedickt ist.

3. Pastinaken und Kartoffeln in einem großen Topf mit Salzwasser 10–15 Minuten kochen, bis sie gar sind, aber noch nicht auseinanderfallen. Gut abtropfen lassen, dann wieder in den Topf geben. Butter und Sahne zufügen und mit Salz und Pfeffer würzen. Zu einem Püree zerstampfen.

4. Das Püree mit dem Hackfleisch auf vorgewärmten Serviertellern anrichten. Mit Petersilie garnieren und servieren.

Für 6 Personen

2 EL Sonnenblumenöl
1 Zwiebel, fein gehackt
2 Karotten, klein gewürfelt
1 kg Rinderhackfleisch
1 EL frisch gehackter Thymian
2 EL Haferflocken
250 ml Rinderbrühe
Salz und Pfeffer
1 kg Pastinaken, klein gewürfelt
1 kg Kartoffeln, klein gewürfelt
120 g Butter
6 EL Sahne
frische glatte Petersilie, zum Garnieren

33

Gefüllte Ofenkartoffeln

Für 4 Personen

- 4 große Ofenkartoffeln
- 2 EL Sonnenblumenöl
- 4 Scheiben Frühstücksspeck, in schmale Streifen geschnitten
- 1 Zwiebel, fein gehackt
- 1 Knoblauchzehe, zerdrückt
- 1 Selleriestange, klein gewürfelt
- 500 g Rinderhackfleisch
- 400 g gehackte Tomaten aus der Dose
- 1 EL Ketchup
- 1 EL Worcestersauce
- 1 TL frisch gehackter Salbei
- 1 TL frisch gehackter Thymian
- Salz und Pfeffer
- 6 EL Butter
- 100 g zerkrümelter Feta

1. Den Backofen auf 220 °C vorheizen. Die Kartoffeln rundum mit einer Gabel einstechen, damit beim Garen Dampf entweichen kann. Auf ein Backblech legen und im Ofen etwa 1¼–1½ Stunden backen, bis sie durchgegart sind.

2. Das Öl in einem großen Topf erhitzen. Den Speck darin bei geringer Hitze unter gelegentlichem Rühren 5 Minuten anbraten. Zwiebel, Knoblauch und Sellerie zugeben und unter gelegentlichem Rühren 5 Minuten andünsten. Das Hackfleisch zufügen und bei mittlerer Hitze 8–10 Minuten gleichmäßig anbräunen. Dabei häufig rühren und Klümpchen mit einem Holzlöffel zerdrücken. Tomaten, Ketchup, Worcestersauce, Salbei und Thymian zugeben. Mit Salz und Pfeffer würzen. Die Hitze wieder reduzieren und bei geschlossenem Deckel unter gelegentlichem Rühren 30 Minuten köcheln.

3. Die Kartoffeln aus dem Ofen nehmen und die Temperatur auf 190 °C reduzieren. Die Kartoffeln längs halbieren und vorsichtig mit einem Löffel aushöhlen. Die Kartoffeln zur Hälfte mit der Hackfleischmasse füllen. Das herausgelöste Kartoffelfleisch zusammen mit Butter und Feta zerstampfen und auf der Hackfleischmasse verteilen. Die Kartoffeln in eine Auflaufform setzen. Die Kartoffelmasse mit einer Gabel auflockern. Im Ofen 15–20 Minuten garen. Sofort servieren.

34

Hackfleischpizza

1. Den Backofen auf 200 °C vorheizen. Ein Backblech mit Öl einfetten. Für den Teig Mehl, Backpulver und Salz in eine Schüssel sieben. Die Butter zufügen und erst mit einem Messer in schneidenden Bewegungen, dann mit den Fingern in das Mehl arbeiten, bis eine feinkrümelige Masse entstanden ist. 100 ml Milch zufügen und die Zutaten zu einem weichen Teig verarbeiten. Falls der Teig zu fest ist, die restliche Milch einarbeiten. Den Teig auf einer leicht bemehlten Arbeitsfläche kurz durchkneten. Zu einem 25 cm großen Kreis ausrollen und auf das Backblech heben. Einen kleinen Rand formen.

2. Hackfleisch, Zwiebel, Knoblauch und Kreuzkümmel in einer beschichteten Pfanne bei mittlerer Hitze 5–8 Minuten gleichmäßig anbräunen. Dabei häufig rühren und Klümpchen mit einem Holzlöffel zerdrücken. Paprika und Koriander untermischen. Salzen und pfeffern.

3. Den Teigboden mit dem Tomatenmark bestreichen und die Hackfleischmischung darauf verteilen. Mit den Mozzarellascheiben belegen und mit Öl beträufeln. Im Ofen etwa 15–20 Minuten knusprig braun backen. Sofort servieren.

Für 2 Personen

Olivenöl, zum Einfetten und zum Beträufeln
175 g Rinderhackfleisch
1 kleine Zwiebel, fein gehackt
1 Knoblauchzehe, zerdrückt
1 TL gemahlener Kreuzkümmel
½–1 geröstete Paprika in Öl, abgetropft und fein gehackt
1 EL frisch gehackter Koriander
Salz und Pfeffer
4 EL Tomatenmark
120 g Mozzarella, in dünnen Scheiben

Pizzateig
175 g Mehl
1½ TL Backpulver
1 Prise Salz
2 EL Butter
100–125 ml Milch

35

Gefüllte Pita-Brote

1. Das Öl in einer Pfanne erhitzen. Zwiebel und Knoblauch bei geringer Hitze unter Rühren 5 Minuten weich dünsten. Das Hackfleisch zufügen und bei mittlerer Hitze 8–10 Minuten gleichmäßig anbräunen. Dabei häufig rühren und Klümpchen mit einem Holzlöffel zerdrücken. Tomaten und Gewürze unterrühren. Salzen und pfeffern. Die Hitze wieder reduzieren und unter gelegentlichem Rühren 15–20 Minuten köcheln.

2. In der Zwischenzeit die Pinienkerne in einer kleinen Pfanne trocken rösten, bis sie goldbraun sind. Pinienkerne und frischen Koriander unter das Hackfleisch mischen und einige weitere Minuten garen.

3. Zum Servieren große Taschen in die Pita-Brote schneiden und mit Hackfleischmischung, Gurke und Salat füllen. Mit etwas saurer Sahne garnieren.

Für 4 Personen

2 El Olivenöl
1 Zwiebel, gehackt
1 Knoblauchzehe, gehackt
500 g Rinderhackfleisch
200 g gehackte Tomaten aus der Dose
1 TL gemahlener Kreuzkümmel
1 TL gemahlener Koriander
½ TL Kurkuma
Salz und Pfeffer
80 g Pinienkerne
2 EL frisch gehackter Koriander

Zum Servieren

8 Pita-Brote, aufgewärmt
geraspelte Gurke
grüner Salat, in feinen Streifen
saure Sahne

36

Hackfleisch unter der Haube

1. Zwiebel und Hackfleisch in einer großen, beschichteten Pfanne bei mittlerer Hitze 8–10 Minuten gleichmäßig anbräunen. Dabei häufig rühren und Klümpchen mit einem Holzlöffel zerdrücken.

2. Bohnen, Ahornsirup, Senf und Brühe unterrühren. Mit Pfeffer würzen. Die Hitze wieder reduzieren und bei geschlossenem Deckel unter gelegentlichem Rühren 15 Minuten köcheln. Falls die Masse zu trocken wird, etwas Wasser zugießen.

3. In der Zwischenzeit die Kartoffeln in einem Topf mit Salzwasser 20 Minuten kochen, bis sie gar sind, aber noch nicht auseinanderfallen. Abtropfen lassen, wieder in den Topf geben und den Frischkäse zugeben. Salzen und pfeffern und zu einem glatten Püree zerstampfen.

4. Den Backofengrill vorheizen. Die Hackfleischmischung in eine flache Auflaufform füllen. Das Kartoffelpüree darauf verstreichen. Unter dem Grill 5 Minuten goldbraun backen. Sofort servieren.

Für 4 Personen

- 1 Zwiebel, gehackt
- 500 g Rinderhackfleisch
- 400 g weiße Bohnen aus der Dose
- 1 EL Ahornsirup
- 1 EL milder Senf
- 1 EL gekörnte Rinderbrühe
- Pfeffer
- 650 g Kartoffeln, gewürfelt
- 120 g Frischkäse
- Salz

37

Hackfleischpfanne mit Spiegelei

Für 2 Personen

- 3 Kartoffeln, in Stücken
- 350 g Rinderhackfleisch
- 1 rote Paprika, klein gewürfelt
- ½ TL Paprikapulver edelsüß
- 1 EL frisch gehackte Petersilie, plus etwas zum Garnieren
- Salz und Pfeffer
- 3 EL Sonnenblumenöl
- 1 Zwiebel, fein gehackt
- 2 Eier

1. Die Kartoffeln in einem Topf mit Salzwasser 20–25 Minuten kochen, bis sie gar sind, aber noch nicht auseinanderfallen. Abtropfen und abkühlen lassen.

2. Hackfleisch, Paprika, Paprikapulver und Petersilie in einer Schüssel vermengen. Salzen und pfeffern. Die Kartoffeln würfeln und vorsichtig unter die Hackfleischmischung heben.

3. Das Öl in einer großen Pfanne erhitzen. Die Zwiebel bei geringer Hitze unter Rühren 5 Minuten weich dünsten.

4. Die Hackfleischmischung zufügen. Durch Rütteln der Pfanne mit den Zwiebeln mischen und mit einem Holzlöffel vorsichtig in die Pfanne drücken. Bei mittlerer Hitze ohne Rühren 5 Minuten garen, bis die Unterseite gebräunt ist. Dann gut verrühren und nochmals ohne Rühren 5 Minuten garen. Diesen Vorgang noch zweimal wiederholen, bis das Hackfleisch gleichmäßig gebräunt ist.

5. Die Hitze reduzieren. Mit einem Löffel 2 Vertiefungen in die Hackfleischmischung drücken. Die Eier dort hineinschlagen und bei geschlossenem Deckel 5 Minuten garen, bis das Eiweiß gestockt ist. Das Hackfleisch mit je einem Spiegelei auf 2 Serviertellern anrichten. Mit Petersilie garnieren und sofort servieren.

38

Hackfleischtopf mit Erbsen

1. Die Butter in einem Topf zerlassen. Zwiebel und Karotten darin bei geringer Hitze unter Rühren 5 Minuten weich dünsten. Die Tomaten zufügen und unter Rühren weitere 3 Minuten garen.

2. Den Topf vom Herd nehmen. Mehl und Senfpulver einstreuen. Den Topf wieder auf den Herd setzen und alles unter Rühren 2 Minuten anschwitzen. Nach und nach die Brühe einrühren. Unter Rühren zum Kochen bringen und einige Minuten eindicken lassen.

3. Das Hackfleisch zugeben und Klümpchen mit einem Holzlöffel zerdrücken. Salzen und pfeffern. Bei geschlossenem Deckel unter gelegentlichem Rühren 45 Minuten köcheln.

4. Die Erbsen einrühren. Den Deckel wieder aufsetzen und unter gelegentlichem Rühren weitere 15 Minuten köcheln. Mit Salz und Pfeffer abschmecken. Mit Petersilie garnieren und sofort servieren.

Für 4 Personen

4 EL Butter
* 1 weiße Zwiebel, fein gehackt
2 Karotten, klein gewürfelt
4 Tomaten, gehäutet und klein gewürfelt
2 EL Mehl
1 TL Senfpulver
600 ml Rinderbrühe
* 500 g Rinderhackfleisch
* Salz und Pfeffer
200 g TK-Erbsen
frisch gehackte Petersilie, zum Garnieren

39

Fleischklopse in Champignoncreme

1. Zwiebel, Semmelbrösel und Ei in einer Schüssel sorgfältig vermengen. Suppe, Meerrettich, Worcestersauce und Senf in einer zweiten Schüssel verrühren.

2. 4 Esslöffel Suppenmischung in die Zwiebelmischung rühren. Dann das Hackfleisch einarbeiten. Salzen und pfeffern. Nochmals sorgfältig vermengen. Die Masse in 6 Portionen teilen und zu runden Klopsen formen.

3. Das Öl in einer großen Pfanne erhitzen. Die Klopse darin bei mittlerer Hitze 3–4 Minuten von jeder Seite leicht anbräunen.

4. Die Brühe in die Suppenmischung rühren und in die Pfanne gießen. Die Hitze reduzieren und mit geschlossenem Deckel 20 Minuten köcheln, bis die Fleischklopse durchgegart sind. Mit Petersilie garnieren und sofort servieren.

Für 6 Personen

- 1 kleine Zwiebel, fein gehackt
- 3 EL Semmelbrösel
- 1 Ei, leicht verquirlt
- 300 ml konzentrierte Champignoncremesuppe aus der Dose
- 1 TL Sahnemeerrettich
- 1 EL Worcestersauce
- 1 EL Dijon-Senf
- 700 g Rinderhackfleisch
- Salz und Pfeffer
- 2 EL Sonnenblumenöl
- 125 ml Rinderbrühe
- frisch gehackte Petersilie, zum Garnieren

Unkompliziert

40

Tamales

1. Den Backofen auf 190 °C vorheizen. Das Öl in einer großen Pfanne erhitzen. Die Zwiebel darin bei geringer Hitze unter Rühren 5 Minuten weich dünsten.

2. Das Hackfleisch zufügen und bei mittlerer Hitze 8–10 Minuten gleichmäßig anbräunen. Dabei häufig rühren und Klümpchen mit einem Holzlöffel zerdrücken. Chilipulver, Tomaten, Mais, Oliven und saure Sahne unterrühren und mit Salz würzen. Die Mischung in eine Auflaufform füllen.

3. Maisgrieß, Backpulver, Butter und Milch mit dem Handmixer verrühren. Nach und nach so viel Brühe einarbeiten, dass ein dickflüssiger, glatter Teig entsteht.

4. Den Maisteig über die Hackfleischmasse gießen und die Oberfläche glatt streichen. Im vorgeheizten Ofen 20 Minuten backen, bis die Oberfläche zu bräunen beginnt. Mit dem Käse bestreuen und weitere 15 Minuten backen, bis dieser goldbraun ist und Blasen wirft. Sofort servieren.

Für 6 Personen

2 EL Maiskeimöl
1 Zwiebel, fein gehackt
350 g Rinderhackfleisch
1½ TL Chilipulver
200 g gehackte Tomaten aus der Dose
150 g Maiskörner aus der Dose, abgetropft
2 EL gehackte schwarze Oliven
100 g saure Sahne
Salz
125 g Polenta
½ TL Backpulver
4 EL Butter, in Stücken
3 EL Milch
200–250 ml heiße Hühnerbrühe
100 g geriebener Emmentaler

41

Hackfleischauflauf mit Kartoffelkruste

1. Die Kartoffeln in einem großen Topf mit Salzwasser etwa 15-20 Minuten kochen, bis sie gar sind.

2. In der Zwischenzeit das Öl in einem Topf erhitzen. Zwiebel, Knoblauch (falls verwendet) und Karotten darin bei geringer Hitze unter gelegentlichem Rühren 5 Minuten dünsten, bis die Zwiebel weich wird. Das Hackfleisch zufügen und bei mittlerer Hitze 8–10 Minuten gleichmäßig anbräunen. Dabei häufig rühren und Klümpchen mit einem Holzlöffel zerdrücken.

3. Die Pilze zufügen und 2 Minuten mitgaren. Mit der Brühe ablöschen. Zucker und Worcestersauce unterrühren. Salzen und pfeffern. Die Hitze wieder reduzieren und bei geschlossenem Deckel 20 Minuten köcheln.

4. Den Backofen auf 200 °C vorheizen. Die Kartoffeln abtropfen lassen. Wieder in den Topf geben und fein zerstampfen. Drei Viertel des Käses untermischen.

5. Die Hackfleischmischung in eine Auflaufform füllen. Mit dem Kartoffelpüree bedecken. Mit dem restlichen Käse bestreuen und im vorgeheizten Ofen 20 Minuten backen, bis die Oberfläche goldbraun ist. Sofort servieren.

Für 6 Personen

650 g Kartoffeln, in Stücken

2 EL Sonnenblumenöl

1 Zwiebel, gehackt

1 Knoblauchzehe, gehackt (nach Belieben)

2 Karotten, klein gewürfelt

500 g Rinderhackfleisch

150 g Champignons, in Scheiben

300 ml heiße Rinderbrühe

1 TL Zucker

1 EL Worcestersauce

Salz und Pfeffer

150 g geriebener Emmentaler

42

Hackfleisch mit Knoblauchkartoffeln

1. Den Backofen auf 180 °C vorheizen. Die Kartoffeln in einem Topf mit Salzwasser 15 Minuten kochen, dann abtropfen und etwas abkühlen lassen.

2. 1 Esslöffel Öl in einem großen Topf erhitzen. Die Zwiebel darin bei geringer Hitze unter Rühren 5 Minuten weich dünsten.

3. Das Hackfleisch zufügen und bei mittlerer Hitze 8–10 Minuten gleichmäßig anbräunen. Dabei häufig rühren und Klümpchen mit einem Holzlöffel zerdrücken. Karotten und Tomaten zufügen. Die Speisestärke über das Hackfleisch streuen und die Brühe zugießen. Salzen und pfeffern. Petersilie und Salbei zufügen und die Mischung zum Kochen bringen. Dann die Hitze reduzieren und 5 Minuten köcheln.

4. In der Zwischenzeit die Kartoffeln in Scheiben schneiden. Knoblauch und restliches Öl in einer Schale verrühren. Salzen und pfeffern.

5. Die Hackfleischmischung in eine Auflaufform füllen und mit den Kartoffelscheiben belegen. Mit dem Knoblauchöl bestreichen und im Ofen 30–35 Minuten backen, bis die Oberfläche goldbraun ist. Sofort servieren.

Für 4 Personen

- 500 g Kartoffeln
- 3 EL Olivenöl
- 1 Zwiebel, gehackt
- 500 g Rinderhackfleisch
- 3–4 Karotten, klein gewürfelt
- 4 Tomaten, gehäutet und klein gewürfelt
- 1 TL Speisestärke
- 300 ml heiße Rinderbrühe
- Salz und Pfeffer
- 1 EL frisch gehackte Petersilie
- 1 TL frisch gehackter Salbei
- 3 Knoblauchzehen, zerdrückt

Mittelmeer-Kasserolle

1. 2 Esslöffel Öl in einer großen Pfanne erhitzen. Das Hackfleisch darin bei mittlerer Hitze 8 Minuten gleichmäßig anbräunen. Dabei häufig rühren und Klümpchen mit einem Holzlöffel zerdrücken. Frühlingszwiebeln, Tomaten, Paprika und Ananas zufügen und unter Rühren weitere 5 Minuten garen. Den Thymian zugeben und mit Salz und Pfeffer würzen. Die Hitze reduzieren und unter gelegentlichem Rühren 15 Minuten köcheln.

2. Den Backofen auf 180 °C vorheizen. Das restliche Öl in einer Pfanne erhitzen. Die Auberginenscheiben darin portionsweise 2–3 Minuten von jeder Seite anbraten. Nach Bedarf weiteres Öl in die Pfanne geben. Auf Küchenpapier abtropfen lassen.

3. Den Boden einer großen Auflaufform mit einem Drittel der Auberginenscheiben belegen und die Hälfte der Hackfleischmischung darauf verteilen. Ein weiteres Drittel der Auberginenscheiben darauflegen und mit der restlichen Hackfleischmischung bedecken. Mit dem letzten Drittel der Auberginenscheiben belegen. Mit dem Käse bestreuen und im Ofen 30 Minuten backen, bis die Oberfläche goldbraun ist. Sofort servieren.

Für 6 Personen

6 EL Olivenöl, plus etwas mehr, falls nötig
1 kg Rinderhackfleisch
6 Frühlingszwiebeln, gehackt
6 Tomaten, gehäutet und klein gewürfelt
1 rote Paprika, in Streifen
2 Scheiben frische Ananas, etwa 2 cm dick, in Stücken
1 EL frisch gehackter Thymian
Salz und Pfeffer
2 Auberginen, in Scheiben
150 g geriebener Emmentaler

Geschmorte Frikadellen

1. Hackfleisch, Knoblauch, Schalotte, Sellerie, Semmelbrösel, Basilikum und Ei in eine Schüssel geben. Salzen und pfeffern. Die Zutaten gut vermengen, in 4 gleich große Portionen teilen und zu Frikadellen formen.

2. Das Öl in einer Pfanne erhitzen. Die Frikadellen darin bei mittlerer Hitze 3 Minuten von jeder Seite anbräunen. Aus der Pfanne nehmen und warm halten.

3. Die Zwiebel in die Pfanne geben und bei geringer Hitze unter gelegentlichem Rühren 5 Minuten weich dünsten. Möglichst viel Fett abgießen. Die Pfanne wieder auf den Herd setzen und die Brühe zugießen. Das Lorbeerblatt zufügen und alles salzen. Die Frikadellen wieder in die Pfanne geben und mit Deckel 25 Minuten sanft köcheln.

4. Die Frikadellen auf vorgewärmte Servierteller heben. Das Lorbeerblatt entfernen und die Sauce über die Frikadellen gießen. Sofort servieren.

Für 4 Personen

- 650 g Rinderhackfleisch
- 2 Knoblauchzehen, zerdrückt
- 1 Schalotte, fein gehackt
- 1 Selleriestange, klein gewürfelt
- 4 EL frische Semmelbrösel
- 1 Stängel Basilikum, Blätter fein gehackt
- 1 Ei, leicht verquirlt
- Salz und Pfeffer
- 2 EL Sonnenblumenöl
- 1 kleine Zwiebel, fein gehackt
- 200 ml Rinderbrühe
- 1 Lorbeerblatt

45

Hackfleisch-Kartoffel-Back

1. Tomatenmark, Wasser, Tomaten und Thymian in einen Topf füllen. Salzen, pfeffern und unter Rühren zum Kochen bringen. Die Hitze reduzieren und unter gelegentlichem Rühren 30 Minuten köcheln, bis die Sauce eingedickt ist.

2. Die Kartoffeln in einem Topf mit Salzwasser 15–20 Minuten kochen, bis sie gar sind. Abtropfen und etwas abkühlen lassen, dann in 5 mm dicke Scheiben schneiden.

3. Den Backofen auf 180 °C vorheizen. Eine hohe Auflaufform mit der Schnittseite der Knoblauchhälften einreiben, dann einfetten.

4. Hackfleisch und Ei in eine Schüssel geben. Salzen und pfeffern. Die Zutaten vermengen, in 6 gleich große Portionen teilen und zu flachen Frikadellen formen. 1 Esslöffel Butter in einer Pfanne zerlassen. Die Frikadellen darin bei mittlerer Hitze 3 Minuten von jeder Seite leicht anbräunen. Aus der Pfanne nehmen und warm halten. Die Zwiebeln in die Pfanne geben und bei geringer Hitze unter Rühren weich dünsten.

5. Den Boden der Auflaufform mit Kartoffelscheiben belegen. Die Frikadellen darauf verteilen. Die Zwiebeln darübergeben und mit der Hälfte des Käses bestreuen. Mit den restlichen Kartoffelscheiben bedecken und mit der Tomatensauce übergießen. Mit dem restlichen Käse bestreuen. Die übrige Butter in Flöckchen darauf verteilen und im Ofen 20 Minuten backen. Sofort servieren.

Für 4 Personen

50 g Tomatenmark
125 ml Wasser
400 g gehackte Tomaten aus der Dose
1 EL frisch gehackter Thymian
Salz und Pfeffer
500 g Kartoffeln
1 Knoblauchzehe, halbiert
250 g Rinderhackfleisch
1 Ei, leicht verquirlt
3 EL Butter, plus etwas mehr zum Einfetten
2 Zwiebeln, in Ringen
120 g geriebener Emmentaler

46

Hackauflauf mit Feta

1. Das Öl in einer großen Pfanne erhitzen. Zwiebel und Knoblauch darin bei geringer Hitze unter Rühren 5 Minuten weich dünsten. Das Hackfleisch zufügen und bei mittlerer Hitze 8–10 Minuten gleichmäßig anbräunen. Dabei häufig rühren und Klümpchen mit einem Holzlöffel zerdrücken. Das Fett abgießen und die Pfanne wieder auf den Herd setzen. Das Tomatenmark unterrühren und weitere 2–3 Minuten garen. Tomaten, Worcestersauce und Oregano untermischen. Salzen und pfeffern. Die Hitze wieder reduzieren und bei geschlossenem Deckel 30 Minuten köcheln.

2. Die Kartoffeln in einem Topf mit Salzwasser 15–20 Minuten kochen, bis sie gar sind. Abtropfen, etwas abkühlen lassen, dann in dicke Scheiben schneiden.

3. Den Backofen auf 180 °C vorheizen. Die Auberginenscheiben mit dem restlichen Öl bestreichen. Eine große Pfanne erhitzen. Die Auberginenscheiben portionsweise bei mittlerer Hitze 3 Minuten von jeder Seite anbraten. Auf Küchenpapier abtropfen lassen.

4. Die Hackfleischmischung in eine Auflaufform füllen und mit den Kartoffel- und Auberginenscheiben bedecken. Mit dem Feta bestreuen. Joghurt, Eier und die Hälfte des Parmesans in einer Schüssel verrühren und gleichmäßig über den Auflauf gießen. Mit dem restlichen Parmesan bestreuen und im Ofen 30–35 Minuten goldbraun backen. Sofort servieren.

Für 6 Personen

- 4 EL Olivenöl
- 1 Zwiebel, gehackt
- 2 Knoblauchzehen, zerdrückt
- 650 g Rinderhackfleisch
- 2 EL Tomatenmark
- 600 g gehackte Tomaten aus der Dose
- 2 EL Worcestersauce
- 1 EL frisch gehackter Oregano
- Salz und Pfeffer
- 750 g Kartoffeln
- 2 Auberginen, in Scheiben
- 150 g Feta, zerkrümelt
- 600 g griechischer Joghurt (10 % Fett)
- 3 Eier (Größe L), leicht verquirlt
- 50 g frisch geriebener Parmesan

47

Hackfleisch mit Pimientos

1. Das Öl in einer großen Pfanne erhitzen. Zwiebeln und Knoblauch darin bei geringer Hitze unter Rühren 5 Minuten weich dünsten. Das Hackfleisch zufügen und bei mittlerer Hitze 8–10 Minuten gleichmäßig anbräunen. Dabei häufig rühren und Klümpchen mit einem Holzlöffel zerdrücken.

2. Worcestersauce, Zitronensaft, Paprikapulver und Zucker unterrühren. Salzen und pfeffern. Unter Rühren 5 Minuten garen. Pimientos untermischen. Die Hitze reduzieren und unter Rühren 20 Minuten köcheln, bis das Hackfleisch durchgegart ist. Sofort servieren.

Für 4 Personen

2 EL Olivenöl
3 große Zwiebeln, in feinen Ringen
2 Knoblauchzehen, zerdrückt
650 g Rinderhackfleisch
2 EL Worcestersauce
3 EL Zitronensaft
1 TL Rosenpaprikapulver
1 EL brauner Zucker
Salz und Pfeffer
4–5 Pimientos (gegrillte Paprika) aus dem Glas, abgetropft, längs in Streifen

48

Fleischklopse in Zwiebelsauce

Für 6 Personen

250 g Cracker oder Matzen (ungesäuertes Brot), zerkrümelt

200 ml warmes Wasser

1,3 kg Rinderhackfleisch

Salz und Pfeffer

300 ml konzentrierte französische Zwiebelsuppe aus der Dose

Mehl, zum Bestäuben

2 EL Sonnenblumenöl

1. Eine Auflaufform (38 cm x 25 cm) mit Backpapier auslegen. Die Cracker in einer großen Schüssel mit dem Wasser übergießen und 5 Minuten quellen lassen. Das Hackfleisch zugeben, salzen und pfeffern. Die Zutaten vermengen, in die Form füllen und mit einem Löffelrücken fest andrücken. Mit Frischhaltefolie abdecken und im Kühlschrank 8 Stunden oder über Nacht ziehen lassen.

2. Den Backofen auf 150 °C vorheizen. Die Folie entfernen. Die Hackfleischmasse auf ein großes Schneidebrett stürzen und das Backpapier abziehen. Das Hackfleisch in 12 Rechtecke schneiden. Die unverdünnte Suppe in die Auflaufform gießen.

3. Die Klopse mit Mehl bestäuben. Das Öl in einer großen Pfanne erhitzen und die Klopse portionsweise darin etwa 3–4 Minuten von jeder Seite leicht anbräunen. Aus der Pfanne nehmen und auf Küchenpapier abtropfen lassen, dann in die Form legen.

4. Im Ofen 40–45 Minuten backen, bis die Klopse durchgegart sind. Auf vorgewärmte Servierteller heben und mit der Sauce übergießen. Sofort servieren.

49

Frittierte Hackbällchen

1. Hackfleisch, Rindertalg und Zwiebel in einer Schüssel gut mischen. Salzen und pfeffern und die Gewürze zufügen. Die Zutaten sorgfältig vermengen, dann das Ei einarbeiten.

2. Etwa 5 cm große Bällchen aus der Hackfleischmischung formen. Den Haferschrot in eine flache Form geben und die Hackbällchen darin wenden.

3. Ausreichend Öl in einer Fritteuse auf 180–190 °C erhitzen, bis ein Brotwürfel in 30 Sekunden braun wird. Die Hackbällchen darin 8–10 Minuten frittieren, bis sie goldbraun und durchgegart sind.

4. Aus dem heißen Fett heben und gut abtropfen lassen. In eine vorgewärmte Servierschüssel geben und sofort mit der Tomatensauce servieren.

Für 6 Personen

- 650 g Rinderhackfleisch
- 250 g zerkleinerter Rindertalg
- 4 EL fein gehackte Zwiebel
- Salz und Pfeffer
- ½ TL Ingwerpulver
- ¼ TL gemahlene Gewürznelken
- ¼ TL frisch geriebene Muskatnuss
- 1 Ei (Größe L), leicht verquirlt
- 80 g Haferschrot
- Pflanzenöl, zum Frittieren
- 1 Portion Tomatensauce (siehe Seite 58), zum Servieren

50

Gefüllte Crespelle

1. Für den Pfannkuchenteig Mehl und Salz in eine Schüssel sieben. Mit Ei und der Hälfte der Milch zu einem glatten Teig verrühren. Die restliche Milch und das Öl einarbeiten, dann beiseitestellen.

2. Das Öl in einer Pfanne erhitzen. Zwiebel und Karotten darin bei mittlerer Hitze unter Rühren 5 Minuten weich dünsten. Das Hackfleisch zufügen und 8–10 Minuten gleichmäßig anbräunen. Dabei häufig rühren und Klümpchen mit einem Holzlöffel zerdrücken. 2 Esslöffel Brühe abnehmen. Mit der restlichen Brühe das Tomatenmark anrühren. Die Hackfleischmischung damit ablöschen. Salzen und pfeffern. Die Hitze reduzieren und alles weitere 30 Minuten köcheln.

3. Den Backofen auf 190 °C vorheizen. Eine beschichtete Pfanne mit Öl einfetten und erhitzen. Eine kleine Portion Teig in die Pfannenmitte gießen. Durch Schwenken auf dem Pfannenboden verteilen und 1–1½ Minuten backen, bis die Unterseite goldbraun ist. Die Crespelle wenden und weitere 30 Sekunden backen. Auf diese Weise weitere Crespelle herstellen, bis der Teig aufgebraucht ist. Dabei nach Bedarf weiteres Öl in die Pfanne gießen.

4. Die Speisestärke in den 2 Esslöffel Brühe auflösen und in die Hackfleischmischung rühren. Unter Rühren einige Minuten köcheln, bis sie eingedickt ist. Auf die Crespelle aufteilen. Die Crespelle aufrollen und nebeneinander in eine flache Auflaufform legen. Im Ofen 15 Minuten backen und servieren.

Für 4 Personen

2 EL Sonnenblumenöl, plus etwas zum Einfetten
1 Zwiebel, gehackt
2 Karotten, geraspelt
500 g Rinderhackfleisch
300 ml heiße Rinderbrühe
1 EL Tomatenmark
Salz und Pfeffer
1 EL Speisestärke

Pfannkuchenteig

120 g Mehl
1 Prise Salz
1 Ei, leicht verquirlt
300 ml Milch
1 TL Sonnenblumenöl

51

Hackfleischtorte

1. Das Öl in einem Topf erhitzen. Zwiebeln und Knoblauch darin bei geringer Hitze unter gelegentlichem Rühren 5 Minuten weich dünsten. Das Hackfleisch zufügen und bei mittlerer Hitze 8–10 Minuten gleichmäßig anbräunen. Dabei häufig rühren und Klümpchen mit einem Holzlöffel zerdrücken.

2. Pilze und Tomaten zufügen und 3 Minuten garen. Sardellenpaste, Worcestersauce, Oregano, Lorbeerblatt, Brühe und Wein untermischen. Salzen und pfeffern und zum Kochen bringen. Die Hitze reduzieren und unter gelegentlichem Rühren 20 Minuten köcheln.

3. In der Zwischenzeit den Backofen auf 180 °C vorheizen. Mehl, Backpulver und Salz in eine Schüssel sieben. Die Butter mit den Fingern hineinreiben, bis eine feinkrümelige Masse entstanden ist. Den Käse untermischen. Eigelb und so viel Milch einarbeiten, dass ein weicher Teig entsteht. Zu einem Kreis (20 cm Ø) ausrollen.

4. Die Hackfleischmischung in eine runde Backform (20 cm Ø) füllen und mit dem Teigkreis bedecken. Im Ofen 50 Minuten backen, bis die Oberseite goldbraun ist. Die Torte auf eine vorgewärmte Servierplatte stürzen. In Stücke schneiden und sofort servieren.

Für 4 Personen

3 EL Sonnenblumenöl
2 Zwiebeln, fein gehackt
1 Knoblauchzehe, zerdrückt
350 g Rinderhackfleisch
100 g Champignons, fein gehackt
4 Tomaten, gehäutet und gewürfelt
1 TL Sardellenpaste
1 EL Worcestersauce
1 TL getrockneter Oregano
1 Lorbeerblatt
150 ml Rinderbrühe
150 ml Rotwein
Salz und Pfeffer

Teig

175 g Mehl
2 TL Backpulver
1 Prise Salz
4 EL Butter
100 g geriebener Emmentaler
1 Eigelb
100–150 ml Milch

52

Hackfleisch mit Teigtalern

1. Den Backofen auf 190 °C vorheizen. Das Öl in einer Pfanne erhitzen. Das Hackfleisch darin bei mittlerer Hitze 8–10 Minuten gleichmäßig anbräunen. Dabei häufig rühren und Klümpchen mit einem Holzlöffel zerdrücken.

2. Das Hackfleisch in einen Bräter füllen und das Mehl einstreuen. Zwiebeln, Ketchup, Thymian und Lorbeerblatt zugeben. Salzen und pfeffern. Mit der Brühe aufgießen und gut verrühren. Bei geschlossenem Deckel 1 Stunde im vorgeheizten Ofen garen.

3. Für die Teigtaler Mehl, Backpulver, Senfpulver und Salz in eine Schüssel sieben. Die Butter mit den Fingern hineinreiben, bis eine feinkrümelige Masse entstanden ist. Käse, Tabasco und so viel Wasser einarbeiten, dass ein weicher Teig entsteht.

4. Den Teig auf einer leicht bemehlten Arbeitsfläche 1 cm dick ausrollen und Kreise (6 cm Ø) ausstechen.

5. Den Bräter aus dem Ofen nehmen und das Lorbeerblatt entfernen. Die Teigtaler auf die Hackfleischmischung legen und mit etwas Milch bestreichen. Den Bräter ohne Deckel wieder in den Ofen schieben und weitere 35 Minuten garen, bis die Taler goldbraun sind. Sofort servieren.

Für 4 Personen

2 EL Sonnenblumenöl
500 g Rinderhackfleisch
2 EL Mehl
500 g Zwiebeln, in Spalten
2 EL Ketchup
1 EL frisch gehackter Thymian
1 Lorbeerblatt
Salz und Pfeffer
300 ml Rinderbrühe
Milch, zum Bestreichen

Teigtaler

250 g Mehl, plus etwas mehr zum Bestäuben
2 TL Backpulver
½ TL Senfpulver
1 Prise Salz
3 EL Butter, klein gewürfelt
80 g geriebener Emmentaler
1 Spritzer Tabasco

53

Französische Fleisch-Tarte

1. Die Butter mit dem Öl in einer großen Pfanne zerlassen. Zwiebeln und Knoblauch darin bei geringer Hitze unter gelegentlichem Rühren 5 Minuten weich dünsten. Das Hackfleisch zufügen und bei mittlerer Hitze 5 Minuten gleichmäßig anbräunen. Dabei häufig rühren und Klümpchen mit einem Holzlöffel zerdrücken. Das Mett zufügen und unter häufigem Rühren 3–5 Minuten mitgaren, bis es gleichmäßig gebräunt ist.

2. Das Tomatenmark in einer Schale mit dem Wasser anrühren. Zusammen mit dem Salbei in die Pfanne geben. Salzen und pfeffern. Die Hitze reduzieren und 10 Minuten köcheln. Die Pfanne vom Herd nehmen und abkühlen lassen.

3. Drei Viertel des Teigs auf einer leicht bemehlten Arbeitsfläche zu einem 5 mm dicken Kreis ausrollen und eine Tarte-Form (24 cm Ø) damit auskleiden. Überstehenden Teig sauber abschneiden. Im Kühlschrank 30 Minuten ruhen lassen.

4. Den Backofen auf 180 °C vorheizen. Die Hackfleischmischung mit einem Schaumlöffel gleichmäßig auf dem Teigboden verteilen. Den restlichen Teig ausrollen und in schmale Streifen schneiden. Diese in einem Gittermuster über die Füllung legen. Mit Eiweiß bestreichen. Die Form auf ein Backblech setzen und im Ofen etwa 40 Minuten goldbraun backen. Sofort servieren.

Für 4 Personen

2 EL Butter
2 EL Olivenöl
2 Zwiebeln, gehackt
1 Knoblauchzehe, zerdrückt
300 g Rinderhackfleisch
300 g Mett
1 EL Tomatenmark
2 EL Wasser
1 TL frisch gehackter Salbei
Salz und Pfeffer
350 g salziger Mürbeteig (Fertigprodukt)
Mehl, zum Bestäuben der Arbeitsfläche
1 Eiweiß, leicht verquirlt

Griechischer Nudelauflauf

1. Die Hälfte des Öls in einer Pfanne erhitzen. Zwiebel und Knoblauch darin bei geringer Hitze unter Rühren 5 Minuten weich dünsten. Das Hackfleisch zufügen und bei mittlerer Hitze 8–10 Minuten gleichmäßig anbräunen. Dabei häufig rühren und Klümpchen mit einem Holzlöffel zerdrücken. Tomaten, Zucker, Essig und Petersilie untermischen. Salzen und pfeffern. Die Hitze reduzieren und 15 Minuten köcheln, bis die Mischung eingedickt ist.

2. Den Backofengrill vorheizen. Eine große Auflaufform mit Öl einfetten. Die Nudeln in einem großen Topf mit Salzwasser nach Packungsangaben oder 8–10 Minuten al dente kochen. Abtropfen lassen und wieder in den Topf geben. Restliches Öl und Gruyère unterheben.

3. Die Auberginenscheiben auf ein Backblech legen und von beiden Seiten mit Öl bestreichen. Unter dem Grill 5 Minuten von jeder Seite goldbraun grillen. Den Backofen auf 180 °C einstellen. Boden und Seiten der Auflaufform mit den Auberginenscheiben auslegen.

4. Eier und Parmesan in die Bechamelsauce rühren. 3 Esslöffel davon in die Hackfleischmischung rühren. Die Hälfte der Makkaroni in die Form füllen und mit der Hälfte der Bechamelsauce begießen. Dann die Hackfleischmischung und die restlichen Nudeln hineinschichten. Mit der restlichen Sauce begießen. Im Ofen 35–40 Minuten goldbraun backen. Vor dem Servieren 10 Minuten ruhen lassen.

Für 6 Personen

- 4 EL Olivenöl, plus etwas zum Einfetten
- 1 kleine Zwiebel, fein gehackt
- 2 Knoblauchzehen, zerdrückt
- 500 g Rinderhackfleisch
- 400 g passierte Tomaten
- 1 TL Zucker
- 2 TL Rotweinessig
- 3 EL frisch gehackte glatte Petersilie
- Salz und Pfeffer
- 250 g kurze Makkaroni
- 200 g frisch geriebener Gruyère
- 1 kg Auberginen, längs in Scheiben
- 2 Eier, leicht verquirlt
- 100 g frisch geriebener Parmesan
- 1 Portion Bechamelsauce (siehe Seite 70)

55

Soufflé bolognese

Für 4 Personen

- 2 EL Olivenöl, plus etwas zum Einfetten
- 4 Scheiben Frühstücksspeck, in feinen Streifen
- 1 große Zwiebel, fein gehackt
- 1 Knoblauchzehe, zerdrückt
- 300 g Rinderhackfleisch
- 400 g gehackte Tomaten aus der Dose
- 1 EL Tomatenmark
- 1 EL frisch gehackter Thymian
- Salz und Pfeffer
- 175 g Penne
- 4 EL frisch geriebener Parmesan
- 3 Eier, getrennt

1. Die Hälfte des Öls in einer Pfanne erhitzen. Die Speckstreifen darin bei geringer Hitze unter Rühren 2–3 Minuten anbräunen. Zwiebel und Knoblauch zugeben und unter Rühren 5 Minuten weich dünsten. Das Hackfleisch zufügen und bei mittlerer Hitze 5–8 Minuten gleichmäßig anbräunen. Dabei häufig rühren und Klümpchen mit einem Holzlöffel zerdrücken.

2. Tomaten, Tomatenmark und Thymian untermischen. Salzen und pfeffern. Die Hitze reduzieren und unter gelegentlichem Rühren 25 Minuten köcheln. Die Pfanne vom Herd nehmen und die Hackfleischmischung abkühlen lassen.

3. In einem großen Topf Salzwasser zum Kochen bringen. Die Penne darin nach Packungsangaben oder 8–10 Minuten al dente kochen. Gut abtropfen lassen und wieder in den Topf geben. Im restlichen Öl wenden. Den Backofen auf 190 °C vorheizen. Eine hohe Auflaufform mit Öl einfetten und mit Parmesan ausstreuen.

4. Das Eigelb in die Hackfleischmischung rühren und die Nudeln unterheben. Das Eiweiß in einer fettfreien Schüssel steif schlagen und unter die Hackfleisch-Pasta-Mischung heben. In die vorbereitete Form füllen und im Ofen 45 Minuten goldbraun backen. Sofort servieren.

56

Rote Frikadellen mit Ei

Für 4 Personen

3 EL Sonnenblumenöl
* 1 Zwiebel, fein gehackt
* 650 g Rinderhackfleisch
1 Ei, leicht verquirlt
2 TL Weißweinessig
½ TL Paprikapulver
1 EL fein gehackte Kapern
3 EL fein gehackte gekochte Rote Beten
2 EL saure Sahne
* Salz und Pfeffer
4 EL Butter
4 Eier

1. 1 Esslöffel Öl in einer Pfanne erhitzen. Die Zwiebel darin bei geringer Hitze unter Rühren 5 Minuten weich dünsten.

2. Die Zwiebel mit Hackfleisch, Ei, Essig, Paprikapulver und Kapern in eine große Schüssel geben und von Hand vermengen. Rote Beten und saure Sahne einarbeiten. Salzen und pfeffern und nochmals sorgfältig kneten. Zu 4 flachen Frikadellen formen.

3. 2 Esslöffel Butter mit dem restlichen Öl in einer Pfanne zerlassen. Die Frikadellen bei mittlerer Hitze 6–7 Minuten von jeder Seite braun braten. Auf Küchenpapier abtropfen lassen.

4. 1 Esslöffel Butter in einer Pfanne zerlassen. 2 Eier in je einer Tasse aufschlagen und in die Pfanne gleiten lassen. Sofort mit einem Pfannenwender das Eiweiß in Richtung Eigelb schieben, damit die Spiegeleier eine schöne Form bekommen. Einige Minuten braten, bis das Eiweiß gestockt, das Eigelb aber noch flüssig ist. Die beiden anderen Eier in der restlichen Butter ebenso braten. Die Frikadellen auf vorgewärmte Servierteller geben. Die Spiegeleier darauflegen und sofort servieren.

57

Hackrolle mit Käsefüllung

Für 4 Personen

- 3 dicke Scheiben Weißbrot, ohne Rinde
- 4 EL warme Milch
- Mehl, zum Bestäuben
- 650 g Rinderhackfleisch
- 1 Zwiebel, fein gehackt
- 2 TL Senfpulver
- 2 EL fein gehackte frische Petersilie
- 2 Eier, leicht verquirlt
- Salz und Pfeffer
- 250 g Mozzarella, in dünnen Scheiben
- 2 EL zerlassene Butter
- 1 Portion Tomatensauce (siehe Seite 58), zum Servieren

1. Das Brot in Stücke zupfen. Mit der Milch in eine große Schüssel geben und 5 Minuten einweichen. Das Brot ausdrücken und überschüssige Milch abgießen.

2. Ein Stück Backpapier leicht mit Mehl bestäuben. Hackfleisch, Zwiebel, Senfpulver, Petersilie und Eier zum Brot in die Schüssel geben, dann salzen und pfeffern. Die Zutaten gut vermengen. Die Masse auf das Backpapier geben und zu einem etwa 20 cm x 25 cm großen Rechteck formen. Mit einem zweiten Stück Backpapier abdecken und 1 Stunde im Kühlschrank ziehen lassen.

3. Den Backofen auf 180 °C vorheizen. Das Hackfleisch aus dem Kühlschrank nehmen und das obere Backpapier entfernen. Das Hackfleisch mit den Mozzarellascheiben belegen und von der kurzen Seite her mithilfe des unteren Backpapiers aufrollen..

4. Die Hackrolle mit der Naht nach unten in eine flache Auflauf- oder Kastenform legen und mit der Butter bestreichen. Im Ofen 45–50 Minuten backen, bis die Rolle goldbraun und durchgegart ist. Sofort mit der Tomatensauce servieren.

58

Orientalischer Eintopf

Für 6 Personen

- 2 Zwiebeln
- 2 EL Sonnenblumenöl
- 1 EL Kurkuma
- 1 TL gemahlener Kreuzkümmel
- 100 g grüne oder gelbe Spalterbsen
- 1,2 l Rinderbrühe
- 250 g Rinderhackfleisch
- Salz und Pfeffer
- 150 g Langkornreis
- 1 EL frisch gehackter Koriander
- 1 EL Schnittlauchröllchen
- 50 g junger Spinat, fein gehackt
- 2 EL Butter
- 2 Knoblauchzehen, zerdrückt
- 3 EL frisch gehackte Minze
- Naturjoghurt, zum Servieren

1. 1 Zwiebel in eine Schüssel reiben; die zweite fein hacken. Das Öl in einem großen Topf erhitzen. Die gehackte Zwiebel darin bei mittlerer Hitze unter Rühren 8–10 Minuten goldgelb dünsten. Kurkuma und Kreuzkümmel einstreuen. Die Erbsen zufügen. Mit der Brühe ablöschen und zum Kochen bringen. Die Hitze reduzieren und bei geschlossenem Deckel 15 Minuten köcheln.

2. Das Hackfleisch zur geriebenen Zwiebel geben. Salzen und pfeffern. Die Zutaten sorgfältig vermengen und von Hand zu Bällchen formen.

3. Die Hackbällchen in die Erbsensuppe geben. Den Deckel wieder auflegen und weitere 10 Minuten köcheln. Reis, Koriander, Schnittlauch und Spinat untermischen. Unter Rühren 25–30 Minuten köcheln, bis der Reis gar ist.

4. Die Butter in einer Pfanne zerlassen. Den Knoblauch darin bei geringer Hitze unter häufigem Rühren 2–3 Minuten andünsten. Die Minze unterrühren und 1 Minute mitdünsten.

5. Die Suppe in vorgewärmte Schalen füllen und mit Joghurt und Knoblauchminze garnieren. Sofort servieren.

59

Holländische Hackfleischtorte

Für 4 Personen

- 2 EL Butter
- 2 Zwiebeln, fein gehackt
- 650 g Rinderhackfleisch
- 100 g Champignons, in feinen Scheiben
- 2 EL frisch gehackte Petersilie, plus etwas mehr zum Garnieren
- 150 g Sahne
- Salz und Pfeffer
- 1 EL zerlassene Butter

Pfannkuchenteig

- 120 g Mehl
- 1 Prise Salz
- 1 Ei
- 1 Eigelb
- 125 ml Milch

1. Für den Teig Mehl und Salz in eine Schüssel sieben. Eine Vertiefung in die Mitte drücken und Ei, Eigelb und 1 Esslöffel Milch hineingeben. Nach und nach die Hälfte der restlichen Milch zugeben und so die flüssigen mit den trockenen Zutaten zu einem dickflüssigen Teig verrühren. Nun die restliche Milch einarbeiten. Beiseitestellen.

2. Die Butter in einer Pfanne zerlassen. Die Zwiebeln darin bei mittlerer Hitze unter Rühren 5 Minuten goldgelb dünsten. Das Hackfleisch zufügen und 8–10 Minuten gleichmäßig anbräunen. Dabei häufig rühren und Klümpchen mit einem Holzlöffel zerdrücken. Die Champignons zufügen und 5 Minuten mitgaren. Dann möglichst viel Fett aus der Pfanne abgießen. Petersilie und Sahne unterrühren, salzen und pfeffern. Die Hitze reduzieren und bei geschlossenem Deckel unter gelegentlichem Rühren 20 Minuten köcheln.

3. Die Hälfte der zerlassenen Butter in einer großen Pfanne erhitzen. Die Hälfte des Teigs zugeben. Durch Schwenken darin verteilen und backen, bis die Unterseite goldbraun ist. Wenden und von der anderen Seite ebenfalls goldbraun backen. Auf einen vorgewärmten Teller gleiten lassen.

4. Die restliche Butter in der Pfanne erhitzen. Den übrigen Teig zugießen und ebenfalls ausbacken. Die Hackfleischmischung auf dem Pfannkuchen verteilen. Mit dem ersten Pfannkuchen bedecken und zusammen auf einen Teller gleiten lassen. Mit Petersilie garnieren. In Stücke schneiden und servieren.

60

Hack-Gemüse-Gratin

1. Das Öl in einem großen Topf erhitzen. Zwiebeln und Knoblauch darin bei geringer Hitze unter Rühren 5 Minuten goldbraun dünsten. Das Hackfleisch zufügen und bei mittlerer Hitze 8–10 Minuten gleichmäßig anbräunen. Dabei häufig rühren und Klümpchen mit einem Holzlöffel zerdrücken. Zucchini, Karotten, Paprika und Rosinen untermischen. Salzen und pfeffern. Die Hitze reduzieren und bei geschlossenem Deckel unter gelegentlichem Rühren etwa 25 Minuten köcheln, bis das Gemüse gar ist.

2. Den Backofen auf 180 °C vorheizen. Die Butter in einem Topf zerlassen. Das Mehl einstreuen und bei geringer Hitze unter Rühren 2 Minuten anschwitzen. Den Topf vom Herd nehmen und nach und nach die Milch einrühren. Den Topf wieder auf den Herd setzen und die Sauce unter Rühren zum Kochen bringen, dann einige Minuten köcheln, bis sie eingedickt ist. Den Topf vom Herd nehmen und den Käse einrühren.

3. Mais, Bohnen und Petersilie unter die Hackfleischmischung heben und 3 Minuten erhitzen. Die Mischung in eine große Auflaufform füllen.

4. Das Eigelb mit einer Gabel in einer Schale verquirlen und 4 Esslöffel Käsesauce unterrühren. Diese Mischung nun in die Käsesauce rühren. Über die Hackfleischmischung gießen. Im vorgeheizten Ofen 25–30 Minuten garen, bis die Oberfläche goldbraun ist. Sofort servieren.

Für 6–8 Personen

- 3 EL Sonnenblumenöl
- 2 Zwiebeln, in dünnen Ringen
- 2 Knoblauchzehen, zerdrückt
- 1 kg Rinderhackfleisch
- 500 g Zucchini, in dünnen Scheiben
- 4–5 Karotten, in dünnen Scheiben
- 1 rote Paprika, in dünnen Streifen
- 50 g Rosinen
- Salz und Pfeffer
- 5 EL Butter
- 5 EL Mehl
- 850 ml Milch
- 120 g geriebener Gruyère
- 350 g Maiskörner aus der Dose, abgetropft
- 400 g weiße Bohnen aus der Dose, abgespült und abgetropft
- 2 EL frisch gehackte Petersilie
- 4 Eigelb

61

Spinat-Cannelloni

Für 4 Personen

175 g Spinat, geputzt

4 EL Butter

2 EL Olivenöl

2 Schalotten, fein gehackt

2 Knoblauchzehen, zerdrückt

250 g Rinderhackfleisch

120 g fein geriebener Parmesan

5 EL Sahne

1 Ei, leicht verquirlt

1 Prise getrockneter Oregano

Salz und Pfeffer

4 EL Mehl

175 ml Milch

16 Cannelloni-Röhren

1 Portion Tomatensauce (siehe Seite 58)

1. Den Spinat nach dem Waschen nicht abtropfen lassen und ohne weitere Zugabe von Wasser 5–8 Minuten gar dünsten. Abtropfen lassen und ausdrücken. Dann fein hacken.

2. 1 Esslöffel Butter mit dem Öl in einer großen Pfanne zerlassen. Schalotten und Knoblauch darin bei geringer Hitze unter Rühren 5 Minuten weich dünsten. Das Hackfleisch zufügen und bei mittlerer Hitze 8–10 Minuten gleichmäßig anbräunen. Dabei häufig rühren und Klümpchen mit einem Holzlöffel zerdrücken. Den Spinat zufügen und 3 Minuten mitgaren. Die Mischung in eine Schüssel füllen und 3 Esslöffel Parmesan, 2 Esslöffel Sahne, Ei und Oregano untermischen. Salzen und pfeffern.

3. Den Backofen auf 190 °C vorheizen. 2 Esslöffel Butter in einem Topf zerlassen. Das Mehl einstreuen und unter Rühren 2 Minuten anschwitzen. Den Topf vom Herd nehmen. Nach und nach die Milch und die restliche Sahne einrühren. Den Topf zurück auf den Herd setzen und die Sauce unter Rühren zum Kochen bringen. Vom Herd nehmen.

4. Die Cannelloni mit der Fleischmischung füllen. Den Boden einer Auflaufform dünn mit Tomatensauce bedecken, dann die Cannelloni in 2 Lagen in die Form legen. Erst mit der hellen Sauce, dann mit der restlichen Tomatensauce überziehen. Mit dem verbliebenen Parmesan bestreuen. Die restliche Butter in Flöckchen darauf verteilen. Im Ofen 30 Minuten backen und servieren.

Pikant und scharf

Taco-Suppe

1. Das Öl in einem großen Topf erhitzen. Die Zwiebel darin bei geringer Hitze unter Rühren 5 Minuten weich dünsten. Das Hackfleisch zufügen und bei mittlerer Hitze 8–10 Minuten gleichmäßig anbräunen. Dabei häufig rühren und Klümpchen mit einem Holzlöffel zerdrücken. Möglichst viel Fett aus dem Topf abgießen.

2. Tomaten, Bohnen samt Einlegewasser, Tomatensaft, Zucker, Gewürze und Brühe unterrühren und zum Kochen bringen. Die Hitze reduzieren und bei geschlossenem Deckel unter gelegentlichem Rühren 15 Minuten köcheln.

3. Käse, Tortilla-Chips und saure Sahne in getrennte Servierschalen geben. Die Avocado schälen, entkernen und das Fruchtfleisch würfeln. Behutsam im Zitronensaft wenden.

4. Die Suppe mit Salz abschmecken und in vorgewärmte Schalen füllen. Einige Avocadowürfel in die Mitte geben und sofort mit Käse, Tortilla-Chips und saurer Sahne servieren.

Für 4–6 Personen

- 1 EL Sonnenblumenöl
- 1 kleine Zwiebel, fein gehackt
- 250 g Rinderhackfleisch
- 400 g gehackte Tomaten aus der Dose
- 400 g rote Kidney-Bohnen aus der Dose
- 250 ml Tomatensaft
- 1 TL Zucker
- ¼ TL Zimt
- ¼ gemahlener Kreuzkümmel
- 1 TL Chilipulver
- 350 ml Rinderbrühe
- 120 g grob geriebener Gruyère
- 350 g Tortilla-Chips
- 200 g saure Sahne, glatt gerührt
- 1 Avocado
- 2 EL Zitronensaft
- Salz

63

Chili-Burger

1. Den Backofengrill vorheizen. Zwiebel, Semmelbrösel, Koriander, Chilipulver, Knoblauchsalz, Kreuzkümmel und Milch mit dem Hackfleisch in eine Schüssel geben und von Hand sorgfältig vermengen.
2. Die Mischung in 4 Portionen teilen und zu flachen Frikadellen formen. Unter dem Grill 5–8 Minuten von jeder Seite bis zur gewünschten Garstufe grillen.
3. Die unteren Brötchenhälften mit Guacamole bestreichen und mit Salat, Hamburgern, Tomatenscheiben und den oberen Hälften zusammensetzen. Sofort mit Tortilla-Chips servieren.

Für 4 Personen

1 kleine Zwiebel, fein gehackt
50 g frische Semmelbrösel
2 EL frisch gehackter Koriander
½ TL Chilipulver oder Cayennepfeffer
½ TL Knoblauchsalz
1 TL gemahlener Kreuzkümmel
80 ml Milch
1 kg Rinderhackfleisch

Zum Servieren

4 Hamburgerbrötchen, halbiert und getoastet
Guacamole
Salatblätter
Tomatenscheiben
Tortilla-Chips

64

Enchiladas

1. 1 Esslöffel Öl in einer Pfanne erhitzen. Drei Viertel der Zwiebeln und die Hälfte des Knoblauchs darin bei mittlerer Hitze unter Rühren 5 Minuten weich dünsten. Das Hackfleisch zufügen und 8–10 Minuten gleichmäßig anbräunen. Dabei häufig rühren und Klümpchen mit einem Holzlöffel zerdrücken. Die Mischung in eine Schüssel füllen. Käse und drei Viertel der Chillies untermischen. Salzen und pfeffern.

2. Das restliche Öl in einem Topf erhitzen. Restliche Zwiebeln, Knoblauch und Chili darin bei mittlerer Hitze unter Rühren 7–8 Minuten dünsten. Tomaten, Tomatenmark, Oregano, Tabasco und Zucker untermischen. Salzen und weitere 3 Minuten garen. Die Sahne unterrühren. Die Hitze reduzieren und bei geschlossenem Deckel unter gelegentlichem Rühren 15 Minuten köcheln. Den Topf vom Herd nehmen und die Sauce etwas abkühlen lassen.

3. Den Backofen auf 180 °C vorheizen. Eine Pfanne erhitzen und mit Öl einfetten. Die Tortillas nacheinander kurz in die Tomatensauce tauchen. Überschüssige Sauce abtropfen lassen. Die Tortillas 30 Sekunden von jeder Seite in der Pfanne braten. Auf einen Teller geben, etwas Hackfleischmischung in der Mitte verteilen und die Tortillas aufrollen. In eine große Auflaufform legen und mit der restlichen Tomatensauce übergießen. Mit Parmesan bestreuen und im Ofen 15–20 Minuten backen. Sofort servieren.

Für 4 Personen

- 4 EL Maiskeimöl, plus etwas zum Bestreichen
- 2 Zwiebeln, fein gehackt
- 2 Knoblauchzehen, zerdrückt
- 250 g Rinderhackfleisch
- 50 g geriebener Gouda
- 4 frische rote Chillies, entkernt und fein gehackt
- Salz und Pfeffer
- 400 g gehackte Tomaten aus der Dose
- 100 g Tomatenmark
- 1 Prise getrockneter Oregano
- 1 Spritzer Tabasco
- 1 TL Zucker
- 100 g Sahne
- 8–10 Weizen- oder Maismehl-Tortillas
- 2 EL frisch geriebener Parmesan

65

Chili con Carne

1. Das Öl in einem großen Topf erhitzen. Zwiebeln und Knoblauch darin bei geringer Hitze unter Rühren 5 Minuten weich dünsten. Das Hackfleisch zufügen und bei mittlerer Hitze 8–10 Minuten gleichmäßig anbräunen. Dabei häufig rühren und Klümpchen mit einem Holzlöffel zerdrücken.

2. Tomaten, Tomatenmark, Kreuzkümmel, Cayennepfeffer, Chilipulver, Oregano, Lorbeerblatt und Brühe unterrühren. Salzen und zum Kochen bringen. Die Hitze reduzieren und bei geschlossenem Deckel unter gelegentlichem Rühren 1 Stunde köcheln.

3. Die Kidney-Bohnen unterrühren. Den Deckel wieder auflegen und unter gelegentlichem Rühren weitere 30 Minuten köcheln. Das Lorbeerblatt entfernen. Mit Reis servieren.

Für 6 Personen

2 EL Maiskeimöl
2 Zwiebeln, in dünnen Ringen
2 Knoblauchzehen, zerdrückt
650 g Rinderhackfleisch
200 g gehackte Tomaten aus der Dose
5 EL Tomatenmark
1 TL gemahlener Kreuzkümmel
1 TL Cayennepfeffer
1 EL Chilipulver
1 TL getrockneter Oregano
1 Lorbeerblatt
350 ml Rinderbrühe
Salz
400 g rote Kidney-Bohnen aus der Dose, abgespült und abgetropft
gegarter Reis, zum Servieren

66

Feurige Hackfleisch-Tacos

Für 4 Personen

- 2 EL Maiskeimöl
- ✳ 1 kleine Zwiebel, fein gehackt
- ✳ 2 Knoblauchzehen, fein gehackt
- ✳ 300 g Rinderhackfleisch
- 1½ TL scharfes Chilipulver
- 1 TL gemahlener Kreuzkümmel
- ✳ Salz und Pfeffer
- 8 Taco-Shells
- 1 Avocado
- 2 EL Zitronensaft
- ¼ Salatkopf, in feinen Streifen
- 4 Frühlingszwiebeln, schräg in dünnen Ringen
- 2 Tomaten, gehäutet und gewürfelt
- 100 g saure Sahne
- 120 g geriebener Emmentaler

1. Das Öl in einer Pfanne erhitzen. Zwiebel und Knoblauch darin bei mittlerer Hitze unter Rühren 5 Minuten weich dünsten. Das Hackfleisch zufügen und 8–10 Minuten gleichmäßig anbräunen. Dabei häufig rühren und Klümpchen mit einem Holzlöffel zerdrücken. Möglichst viel Fett aus der Pfanne abgießen.

2. Chilipulver und Kreuzkümmel unterrühren, dann salzen und pfeffern. Bei geringer Hitze 8 Minuten unter Rühren garen. Dann die Pfanne vom Herd nehmen.

3. Die Taco-Shells nach Packungsangaben erwärmen. Die Avocado schälen, entkernen und in Scheiben schneiden. In einer Schüssel vorsichtig im Zitronensaft wenden.

4. Salat, Frühlingszwiebeln, Tomaten und Avocado auf die Taco-Shells verteilen. Je 1 Esslöffel saure Sahne darübergeben und das Hackfleisch darauf verteilen. Mit Käse bestreuen und sofort servieren.

67

Burritos

1. Die Bohnen über Nacht in einer Schüssel mit kaltem Wasser einweichen, dann abtropfen lassen. Die Bohnen in einen großen Topf füllen und mit frischem Wasser bedecken. Zum Kochen bringen und 15 Minuten kochen. Abschrecken und abtropfen lassen, dann die Bohnen wieder in den Topf geben. Mit frischem Wasser bedecken und zum Kochen bringen. Die Hitze wieder reduzieren und unter gelegentlichem Rühren 1–1½ Stunden gar köcheln.

2. Das Öl in einem großen Topf erhitzen. Zwiebel, Knoblauch und Paprika darin bei mittlerer Hitze unter Rühren 5 Minuten weich dünsten. Das Hackfleisch zufügen und 8–10 Minuten gleichmäßig anbräunen. Dabei häufig rühren und Klümpchen mit einem Holzlöffel zerdrücken. Die Hitze wieder reduzieren. Gewürze, Oregano und Ketchup unterrühren und salzen. Wein, Tomaten, Lorbeerblatt und Bohnen untermischen. Bei geschlossenem Deckel unter gelegentlichem Rühren 25 Minuten köcheln. Chillies und Koriander untermischen. Den Topf vom Herd nehmen und das Lorbeerblatt entfernen.

3. In der Zwischenzeit den Backofen auf 180 °C vorheizen. Eine große Auflaufform mit Öl einfetten. Die Hackfleischmischung mithilfe eines Schaumlöffels auf die Tortillas aufteilen, diese aufrollen und mit der Nahtseite nach unten in die vorbereitete Form legen. Mit dem Käse bestreuen und im Ofen 15 Minuten backen. Sofort mit Guacamole und Salsa servieren.

Für 6 Personen

- 200 g getrocknete schwarze Bohnen
- 2 EL Pflanzenöl, plus etwas mehr zum Bestreichen
- 1 weiße Zwiebel, gehackt
- 2 Knoblauchzehen, zerdrückt
- 1 rote Paprika, klein gewürfelt
- 500 g Rinderhackfleisch
- 1 EL gemahlener Kreuzkümmel
- 1 TL Paprikapulver
- ¼ TL Cayennepfeffer
- 1 Prise getrockneter Oregano
- 2 EL Ketchup
- Salz
- 100 ml Rotwein
- 400 g gehackte Tomaten aus der Dose
- 1 Lorbeerblatt
- 3 EL gehackte eingelegte Jalapeño-Chillies
- 1 EL frisch gehackter Koriander
- 12 Weizen-Tortillas
- 70 g geriebener Gouda
- Guacamole und Salsa, zum Servieren

68

Empanadas

1. Das Öl in einer großen Pfanne erhitzen. Zwiebel, Knoblauch und Paprika darin bei geringer Hitze unter gelegentlichem Rühren 5 Minuten weich dünsten. Das Hackfleisch zufügen und bei mittlerer Hitze 8–10 Minuten gleichmäßig anbräunen. Dabei häufig rühren und Klümpchen mit einem Holzlöffel zerdrücken. Möglichst viel Fett aus der Pfanne abgießen.

2. Tomaten, Rosinen, Chilipulver und Kreuzkümmel unterrühren, dann salzen und pfeffern. Die Hitze reduzieren und 10 Minuten köcheln. Die Pfanne vom Herd nehmen.

3. Den Backofen auf 190 °C vorheizen. Ein Backblech mit Öl einfetten. Den Teig auf einer leicht bemehlten Arbeitsfläche ausrollen und 8 Kreise (12 cm Ø) ausstechen. Je 1 Esslöffel Hackfleischmischung auf eine Kreishälfte geben. Die Teigränder mit Wasser befeuchten. Die Kreise zusammenklappen und am Rand mit einer Gabel oder den Fingern zusammendrücken.

4. Auf das Backblech legen und im Ofen 30–35 Minuten goldbraun backen. Sofort servieren.

Ergibt 8 Stück

- 2 EL Maiskeimöl, plus etwas mehr zum Bestreichen
- 1 Zwiebel, fein gehackt
- 1 Knoblauchzehe, zerdrückt
- ½ kleine rote Paprika, gewürfelt
- 250 g Rinderhackfleisch
- 2 Tomaten, gehäutet und gewürfelt
- 50 g Rosinen
- ½–1 TL Chilipulver
- 1 Prise gemahlener Kreuzkümmel
- Salz und Pfeffer
- 300 g Blätterteig, TK-Ware aufgetaut
- Mehl, zum Bestäuben

Nachos

Für 4–6 Personen

1 EL Maiskeimöl
1 Zwiebel, fein gehackt
1 Knoblauchzehe, zerdrückt (nach Belieben)
500 g Rinderhackfleisch
Salz und Pfeffer
500 g Tortilla-Chips
400 g Frijoles refritos (Bohnenmus) aus der Dose
200 g grob geriebener Emmentaler
4 EL gehackte eingelegte Jalapeño-Chillies

Zum Servieren
saure Sahne
Guacamole
Salsa

1. Den Backofen auf 180 °C vorheizen. Das Öl in einer großen Pfanne erhitzen. Zwiebel und Knoblauch (falls verwendet) darin bei geringer Hitze unter Rühren 5 Minuten weich dünsten. Das Hackfleisch zufügen und bei mittlerer Hitze 8–10 Minuten gleichmäßig anbräunen. Dabei häufig rühren und Klümpchen mit einem Holzlöffel zerdrücken. Die Pfanne vom Herd nehmen. Möglichst viel Fett daraus abgießen. Das Fleisch salzen und pfeffern.

2. Die Tortilla-Chips in eine flache Auflaufform geben und die Frijoles refritos gleichmäßig darauf verteilen. Mit der Hälfte des Käses bestreuen. Die Hackfleischmischung darübergeben. Dann mit dem restlichen Käse und den Chillies bestreuen und im Ofen 10–15 Minuten backen, bis der Käse geschmolzen ist. Sofort mit saurer Sahne, Guacamole und Salsa servieren.

70

Mexikanischer Eintopf

1. Das Öl in einem großen Topf erhitzen. Zwiebel, Knoblauch und Paprika darin bei geringer Hitze unter Rühren 5 Minuten weich dünsten. Das Hackfleisch zufügen und bei mittlerer Hitze 8–10 Minuten gleichmäßig anbräunen. Dabei häufig rühren und Klümpchen mit einem Holzlöffel zerdrücken.

2. Chillies, Kreuzkümmelsamen, Koriander, Mais, Bohnen, Tomatenmark und Brühe unterrühren. Salzen und pfeffern. Die Hitze reduzieren und bei geschlossenem Deckel unter gelegentlichem Rühren 50–60 Minuten köcheln. Sofort servieren.

Für 4 Personen

- 2 EL Maiskeimöl
- 1 Zwiebel, fein gehackt
- 2 Knoblauchzehen, fein gehackt
- 1 grüne Paprika, klein gewürfelt
- 500 g Rinderhackfleisch
- 3 frische grüne Chillies, entkernt und fein gehackt
- 1 TL Kreuzkümmelsamen, leicht geröstet
- 1 EL frisch gehackter Koriander
- 140 g Maiskörner aus der Dose, abgetropft
- 200 g rote Kidney-Bohnen aus der Dose, abgespült und abgetropft
- 1 EL Tomatenmark
- 500 ml Rinderbrühe
- Salz und Pfeffer

71

Tamale-Päckchen

Für 4 Personen

- 2 EL Maiskeimöl
- 1 große Zwiebel, fein gehackt
- 500 g Rinderhackfleisch
- 150 g Schinkenwürfel
- 1 EL abgetropfte Kapern
- 4 EL Rosinen
- 1 EL gehackte grüne Oliven
- 4 EL Tomatenmark
- ¼–½ TL Chilipulver
- 2 TL frisch gehackter Thymian
- 1 TL Zucker
- Salz und Pfeffer
- 300 g Maiskörner aus der Dose, abgetropft
- 3 Eier, leicht verquirlt

1. Das Öl in einer großen Pfanne erhitzen. Die Zwiebel darin bei geringer Hitze unter Rühren 5 Minuten weich dünsten. Das Hackfleisch zufügen und bei mittlerer Hitze 8–10 Minuten gleichmäßig anbräunen. Dabei häufig rühren und Klümpchen mit einem Holzlöffel zerdrücken.

2. Schinken, Kapern, Rosinen, Oliven, Tomatenmark, Chilipulver, Thymian und Zucker untermischen. Salzen und pfeffern. Die Hitze reduzieren und unter Rühren 5 Minuten köcheln. Den Mais untermischen. Die Pfanne vom Herd nehmen und die Eier unterrühren.

3. Aus Backpapier 8 Quadrate mit je 15 cm Seitenlänge ausschneiden und immer 2 aufeinanderlegen. Die Hackfleischmischung in die Mitte geben. Das Papier an den Ecken zusammenfassen und zu Beuteln formen. In einem Dämpfeinsatz über kochendem Wasser 45–50 Minuten bei geschlossenem Deckel garen. Sofort servieren.

72

Pikantes Hackfleisch mit Süßkartoffeln

1. Den Backofen auf 200 °C vorheizen. Die Süßkartoffeln rundum mit einer Gabel einstechen. Auf ein Backblech legen und im Ofen 1 Stunde backen, bis sie weich sind.

2. Tomaten, Chillies, Pfeffer, Piment, Zimt und Koriander in einem Topf zum Kochen bringen. Die Hitze reduzieren und unter gelegentlichem Rühren 30 Minuten köcheln, bis die Sauce eingedickt ist. Den Topf vom Herd nehmen. Die Zimtstange entfernen. Die Sauce durch ein Sieb oder mit einer Passiermühle in eine Schüssel passieren.

3. Die Hälfte des Öls in einer Pfanne erhitzen. Das Hackfleisch darin bei mittlerer Hitze 8–10 Minuten gleichmäßig anbräunen. Dabei häufig rühren und Klümpchen mit einem Holzlöffel zerdrücken. Tomatensauce und -mark unterrühren. Salzen. Unter Rühren 20 Minuten köcheln.

4. Die Süßkartoffeln aus dem Ofen nehmen und leicht abkühlen lassen. Dann schälen und grob hacken.

5. Das restliche Öl in einer Pfanne erhitzen. Zwiebel und Knoblauch darin bei geringer Hitze unter gelegentlichem Rühren 5 Minuten weich dünsten. Süßkartoffeln und Brühe zugeben und unter Rühren 5 Minuten garen. Salzen. Die Süßkartoffeln in eine vorgewärmte Servierschüssel füllen. Die Hackfleischmischung darübergeben. Sofort mit saurer Sahne servieren.

Für 4 Personen

4 Süßkartoffeln

800 g gehackte Tomaten aus der Dose

2 frische grüne Chillies, entkernt und gehackt

6 schwarze Pfefferkörner

6 Pimentbeeren

1 Zimtstange

1 TL gemahlener Koriander

2 EL Sonnenblumenöl

650 g Rinderhackfleisch

1 EL Tomatenmark

Salz

1 Zwiebel, fein gehackt

1 Knoblauchzehe, zerdrückt

4 EL Rinderbrühe

saure Sahne, zum Servieren

73

Bobotie

1. Den Backofen auf 180 °C vorheizen. Eine Auflaufform (2,7 Liter Inhalt) einfetten. Das Brot in Stücke zupfen, mit der Milch in eine Schüssel geben und einweichen.

2. Die Butter mit dem Öl in einer Pfanne zerlassen. Zwiebeln und Knoblauch darin bei mittlerer Hitze unter gelegentlichem Rühren 8 Minuten goldgelb dünsten. In eine Schüssel füllen. Currypulver, Hackfleisch, Rosinen, Mandeln, Petersilie, Zitronensaft, Essig und Zucker dazugeben. Salzen und pfeffern, dann die Zutaten sorgfältig vermengen. Das Brot ausdrücken, dabei die Milch in einem Messbecher auffangen. Brot und 1 Ei, leicht vermengt, in die Hackfleischmischung einarbeiten. In die Form füllen und gut andrücken.

3. Die aufgefangene Milch auf 180 ml auffüllen oder abgießen und mit dem zweiten Ei verquirlen. Über die Hackfleischmischung gießen.

4. Die Form in die Fettpfanne des Backofens stellen und bis zur halben Höhe der Form kochendes Wasser einfüllen. Im Ofen 1 Stunde backen, bis die Oberfläche goldbraun ist. Sofort servieren.

Für 4–6 Personen

- 3 dicke Scheiben Weißbrot, ohne Rinde
- 300 ml warme Milch, nach Bedarf etwas mehr
- 4 EL Butter, plus etwas mehr zum Einfetten
- 1 EL Sonnenblumenöl
- 2 Zwiebeln, gehackt
- 1 Knoblauchzehe, zerdrückt
- 2 EL Currypulver
- 1 kg Rinderhackfleisch
- 100 g Rosinen
- 50 g Mandelstifte
- 1 EL frisch gehackte Petersilie
- 2 EL Zitronensaft
- 1 EL Weißweinessig
- 1 EL Zucker
- Salz und Pfeffer
- 2 Eier

74

Indonesische Fleischtaschen

Ergibt 16 Stück

- 4 Schalotten, fein gehackt
- 2 Knoblauchzehen, zerdrückt
- 500 g Rinderhackfleisch
- 1 TL gemahlener Kreuzkümmel
- 1 TL gemahlener Koriander
- 2 TL Currypulver
- Salz und Pfeffer
- 2–3 Eier, leicht verquirlt
- Mehl, zum Bestäuben
- 16 Filoteigblätter
- Erdnussöl, zum Bestreichen

1. Schalotten, Knoblauch, Hackfleisch, Kreuzkümmel, Koriander und Currypulver in eine Schüssel geben. Salzen und pfeffern, dann die Zutaten gut vermengen. Einen Wok bei mittlerer Stufe erhitzen. Die Hackfleischmischung darin 8–10 Minuten gleichmäßig anbräunen. Dabei ständig rühren und Klümpchen mit einem Holzlöffel zerdrücken. Abkühlen lassen. Dann so viel Ei einarbeiten, dass eine gebundene Masse entsteht. Überschüssiges Ei beiseitestellen.

2. Den Backofen auf 200 °C vorheizen. Eine Arbeitsfläche leicht mit Mehl bestäuben. Ein Teigblatt mit Öl bestreichen und ein zweites darauflegen. In der Mitte durchschneiden. Je 1 Esslöffel Hackfleischmischung in die Mitte der Teigblätter geben und die Seiten darüberschlagen. Die Ränder mit Ei bestreichen und das obere und untere Ende über die Füllung schlagen. Die Teigtaschen auf das vorbereitete Backblech legen und kühlen, während die anderen zubereitet werden.

3. Die Oberseite der Teigtaschen mit Ei bestreichen. Im Ofen 20 Minuten goldbraun backen. Auf einen vorgewärmte Teller geben und sofort servieren.

75

Curry-Taschen

1. Das Öl in einer Pfanne erhitzen. Zwiebel, Knoblauch, Ingwer und Chillies darin bei geringer Hitze unter Rühren 5 Minuten weich dünsten. Chilipulver, Koriander, Kurkuma zugeben, salzen. Unter Rühren weitere 3 Minuten garen.

2. Das Hackfleisch zufügen und bei mittlerer Hitze 8–10 Minuten gleichmäßig anbräunen. Dabei häufig rühren und Klümpchen mit einem Holzlöffel zerdrücken. Tomate, Erbsen und Limettensaft untermischen. Die Hitze reduzieren und unter Rühren 5 Minuten köcheln. Vom Herd nehmen.

3. Den Backofen auf 200 °C vorheizen. Den Teig auf einer leicht bemehlten Arbeitsfläche etwa 3 mm dick ausrollen und 20 Kreise (10 cm Ø) ausstechen.

4. Je 2 Teelöffel Hackfleischmischung auf die Teigkreise setzen und die Ränder mit Wasser befeuchten. Zu Halbkreisen falten und die Teigränder mit einer Gabel zusammendrücken. Die Teigtaschen auf ein Backblech legen und mit Ei bestreichen. Im Ofen 20–30 Minuten goldbraun backen. Die Teigtaschen auf einem Kuchengitter etwas abkühlen lassen und lauwarm servieren.

Ergibt 20 Stück

2 EL Erdnussöl
1 Zwiebel, fein gehackt
1 Knoblauchzehe, zerdrückt
1-cm-Stück frische Ingwerwurzel, fein gehackt
2 frische rote Chillies, entkernt und fein gehackt
1 TL Chilipulver
½ TL gemahlener Koriander
½ TL Kurkuma
Salz
250 g Rinderhackfleisch
1 Tomate, gehäutet und klein gewürfelt
50 g Erbsen
2 EL Limettensaft
500 g Blätterteig, TK-Ware aufgetaut
Mehl, zum Bestäuben
1 Ei, leicht verquirlt

Indische Kebabs

1. Zwiebel, Knoblauch, Ingwer, Chillies, Kurkuma, Koriander, Joghurt, Zitronensaft, Hackfleisch und Semmelbrösel in eine Schüssel geben und salzen. Die Zutaten von Hand sorgfältig vermengen. Mit Frischhaltefolie abgedeckt 30 Minuten bei Zimmertemperatur ziehen lassen.

2. Den Backofengrill vorheizen und 12 Metallspieße oder in Wasser eingeweichte Holzspieße mit etwas Butter einfetten. Mit angefeuchteten Händen 24 kleine Ovale aus der Hackfleischmischung formen und je 2 davon auf einen Spieß stecken. Die Spieße auf ein Grillgitter legen.

3. Mit zerlassener Butter bestreichen und unter dem Grill 5 Minuten grillen. Die Spieße wenden, erneut mit Butter bestreichen und weitere 4 Minuten grillen, bis sie durchgegart und gebräunt sind.

4. Die Spieße auf einer vorgewärmten Servierplatte anrichten. Mit Joghurt beträufeln und mit Koriander garnieren. Sofort mit Tomaten-Zwiebel-Salat und Naan-Brot servieren.

Für 4 Personen

- 1 Zwiebel, fein gehackt
- 2 Knoblauchzehen, zerdrückt
- 4-cm-Stück frische Ingwerwurzel, fein gehackt
- 2 frische grüne Chillies, entkernt und fein gehackt
- ½ TL Kurkuma
- 2 EL frisch gehackter Koriander, plus etwas mehr zum Garnieren
- 3 EL Naturjoghurt, plus etwas mehr zum Servieren
- 1 EL Zitronensaft
- 650 g Rinderhackfleisch
- 4 EL frische Semmelbrösel
- Salz
- zerlassene Butter, zum Bestreichen
- Tomaten-Zwiebel-Salat und warmes Naan-Brot, zum Servieren

Hackfleisch-Curry

1. Das Öl in einer Pfanne zerlassen. Zwiebeln, Knoblauch und Ingwer darin bei geringer Hitze unter Rühren 5 Minuten weich dünsten. Koriander, Chilipulver und Kurkuma zugeben und unter Rühren weitere 3 Minuten garen.

2. Das Hackfleisch zufügen und bei mittlerer Hitze 8–10 Minuten gleichmäßig anbräunen. Dabei häufig rühren und Klümpchen mit einem Holzlöffel zerdrücken. Die Tomaten unterrühren und alles salzen. Die Hitze reduzieren und unter gelegentlichem Rühren 15 Minuten bei geschlossenem Deckel, dann weitere 5 Minuten ohne Deckel köcheln.

3. Abschmecken. Das Curry in eine vorgewärmte Servierschüssel füllen. Mit Koriander garnieren und sofort mit Reis servieren.

Für 4 Personen

3 EL Maiskeimöl
* 4 Zwiebeln, in feinen Scheiben
* 2 Knoblauchzehen, zerdrückt

3-cm-Stück frische Ingwerwurzel, fein gehackt
1 TL gemahlener Koriander
1 TL Chilipulver
1 TL Kurkuma
* 650 g Rinderhackfleisch

200 g gehackte Tomaten aus der Dose
* Salz

2 EL frisch gehackter Koriander
gegarter Reis, zum Servieren

78

Indische Kartoffelbällchen

Ergibt 10 Stück

1 kg Kartoffeln, geschält und in Stücken

100 ml Erdnussöl

1 große Zwiebel, fein gehackt

2 Knoblauchzehen, zerdrückt

2 frische grüne Chillies, entkernt und fein gehackt

4-cm-Stück frische Ingwerwurzel, fein gehackt

1 TL gemahlener Kreuzkümmel

1 TL gemahlener Koriander

1 EL frisch gehackter Koriander

2 EL frisch gehackte Minze

250 g Rinderhackfleisch

50 g Erbsen, TK-Ware aufgetaut

Salz

4 EL Zitronensaft

2 Eier

120 g frische Semmelbrösel

1. Die Kartoffeln in einem großen Topf mit Salzwasser etwa 15–20 Minuten kochen, bis sie gar sind. Gut abtropfen lassen. In eine Schüssel geben und zerstampfen.

2. 1 Esslöffel Öl in einer Pfanne erhitzen. Zwiebel, Knoblauch, Chillies, Ingwer, Kreuzkümmel, gemahlenen und frischen Koriander sowie Minze darin bei mittlerer Hitze unter Rühren 5 Minuten weich dünsten. Das Hackfleisch zufügen und 5 Minuten braten. Dabei häufig rühren und Klümpchen mit einem Holzlöffel zerdrücken. Die Erbsen zufügen und unter Rühren weitere 3–5 Minuten garen, bis das Hackfleisch gebräunt und die Mischung trocken ist. Die Pfanne vom Herd nehmen. Salzen und den Zitronensaft unterrühren.

3. Das Kartoffelpüree in 10 Portionen teilen. Die Portionen in der Handfläche zu kleinen Kreisen formen. 1 Esslöffel Hackfleischmischung in die Mitte geben und im Püree einschließen. Zu Kugeln formen.

4. Die Eier auf einem tiefen Teller verquirlen. Die Semmelbrösel auf einen zweiten Teller geben. Die Kugeln zuerst im Ei, dann in den Bröseln wenden und 30 Minuten in den Kühlschrank stellen.

5. Das restliche Öl in der Pfanne erhitzen. Die Kartoffelbällchen portionsweise bei mittlerer Hitze rundum goldbraun braten. Sofort servieren.

Samosas

1. Für den Teig Mehl und Salz in eine Schüssel sieben und eine Vertiefung in die Mitte drücken. Öl und Wasser hineingeben. Zu einem Teig verarbeiten. Falls nötig, noch etwas Wasser zufügen. Auf einer leicht bemehlten Arbeitsfläche kneten, bis der Teig glatt und elastisch ist. Zu einer Kugel geformt 30 Minuten ruhen lassen.

2. Das Öl in einer großen Pfanne erhitzen. Zwiebel, Knoblauch und Ingwer darin bei mittlerer Hitze unter Rühren 5 Minuten weich dünsten. Chilipulver, Kurkuma, Koriander und Garam masala zugeben und unter Rühren weitere 3 Minuten garen. Das Hackfleisch zufügen und 8–10 Minuten gleichmäßig anbräunen. Dabei häufig rühren und Klümpchen mit einem Holzlöffel zerdrücken. Die Pfanne vom Herd nehmen. Zitronensaft und Minze untermischen und abkühlen lassen.

3. Den Teig in 14 Portionen teilen. Jeweils zu einem etwa 20 cm langen Oval ausrollen und quer halbieren. Die gerade Kante mit Wasser bestreichen und so übereinanderlegen und zusammendrücken, dass ein Kegel entsteht. Einen gehäuften Löffel Hackfleischmischung hineingeben. Die offenen Kanten mit Wasser bestreichen und zusammendrücken.

4. Ausreichend Öl in einer Fritteuse auf 180–190 °C erhitzen, sodass ein Brotwürfel darin in 30 Sekunden braun wird. Die Samosas portionsweise goldbraun und knusprig frittieren. Sofort mit Chilisauce servieren.

Ergibt 28 Stück

2 EL Sonnenblumenöl, plus etwas mehr zum Frittieren
1 Zwiebel, gehackt
2 Knoblauchzehen, zerdrückt
4-cm-Stück frische Ingwerwurzel, gerieben
1 TL Chilipulver
1 TL Kurkuma
1 TL gemahlener Koriander
1 TL Garam masala
500 g Rinderhackfleisch
Saft von ½ Zitrone
3 EL frisch gehackte Minze
Chilisauce, zum Servieren

Teig

250 g Mehl, plus etwas mehr zum Bestäuben
1 große Prise Salz
2 EL Sonnenblumenöl
5 EL lauwarmes Wasser

80

Hackfleischtopf mit Pistazien

1. Den Backofen auf 190 °C vorheizen. Die Butter in einem Topf zerlassen. Zwiebel, Knoblauch und Chillies darin bei geringer Hitze unter Rühren 5 Minuten weich dünsten. Das Hackfleisch zufügen und bei mittlerer Hitze 8–10 Minuten gleichmäßig anbräunen. Dabei häufig rühren und Klümpchen mit einem Holzlöffel zerdrücken.

2. Den Topf vom Herd nehmen. Pistazien, Garam masala, Tomaten, Semmelbrösel und saure Sahne zugeben. Salzen und pfeffern. Die Zutaten gut vermengen und in eine hohe Auflaufform füllen. Im Ofen 35–45 Minuten backen, bis die Oberfläche leicht gebräunt ist. Mit Pistazien garnieren und sofort servieren.

Für 4 Personen

4 EL Butter
1 weiße Zwiebel, gehackt
2 Knoblauchzehen, gehackt
3 frische grüne Chillies, entkernt und gehackt
1 kg Rinderhackfleisch
2 EL grob gehackte Pistazienkerne, plus einige mehr zum Garnieren
1 EL Garam masala
4 Tomaten, gehäutet und gewürfelt
4 EL frische Semmelbrösel
4 EL saure Sahne
Salz und Pfeffer

81

Conchiglie mit Fleischsauce

1. Das Öl in einer Pfanne erhitzen. Schalotten und Knoblauch darin bei geringer Hitze unter Rühren 5 Minuten weich dünsten. Das Hackfleisch zufügen und bei mittlerer Hitze 8–10 Minuten gleichmäßig anbräunen. Dabei häufig rühren und Klümpchen mit einem Holzlöffel zerdrücken. Möglichst viel Fett aus der Pfanne abgießen.

2. Den Wein zugießen. Die Hitze reduzieren und unter Rühren 5 Minuten köcheln. Pilze, Zimt, Piment, Petersilie, Basilikum, Tomaten und Ketchup zufügen. Salzen und pfeffern. Die Zutaten sorgfältig vermengen. Auf kleinster Stufe bei geschlossenem Deckel unter gelegentlichem Rühren 1 Stunde schmoren. Wenn die Sauce zu trocken wird, mit etwas Wasser strecken.

3. Die Pasta in einem großen Topf Salzwasser nach Packungsangaben oder 8–10 Minuten al dente kochen. Gut abtropfen lassen. Mit der Sauce vermengen, mit Basilikum garnieren und sofort servieren.

Für 4 Personen

- 2 EL Sonnenblumenöl
- 4 Schalotten, fein gehackt
- 1 Knoblauchzehe, zerdrückt
- 500 g Rinderhackfleisch
- 3 EL Rotwein
- 150 g Champignons, gehackt
- ½ TL Zimt
- ½ TL gemahlener Piment
- 1 EL frisch gehackte Petersilie
- 1 Stängel frisches Basilikum, Blätter zerpflückt, plus einige Blätter zum Garnieren
- 400 g gehackte Tomaten aus der Dose
- 2 EL Ketchup
- Salz und Pfeffer
- 350 g Conchiglie (Muschelnudeln)

82

Hackfleischgulasch

Für 4 Personen

4 Scheiben Roggenbrot, Rinde entfernt
3 EL warme Milch
1 kg Rinderhackfleisch
3 Knoblauchzehen, fein gehackt
1 Ei, leicht verquirlt
1 TL abgeriebene Orangenschale
2 TL getrockneter Dill
Salz und Pfeffer
3 EL Sonnenblumenöl
2 Zwiebeln, fein gehackt
2 Karotten, in Scheiben
150 g Champignons, in feinen Scheiben
1 EL Paprikapulver, plus etwas mehr zum Bestäuben
350 ml Rinderbrühe
100 ml Rotwein
1 TL Kümmelsamen
4 Kartoffeln, in Stücken
2 TL Speisestärke
1 EL Wasser
300 g saure Sahne
frisch gehackte Petersilie, zum Garnieren

1. Das Brot in Stücke zupfen. Mit der Milch in eine Schale geben und 5 Minuten einweichen. Das Brot ausdrücken und in eine große Schüssel geben. Hackfleisch, zwei Drittel des Knoblauchs, Ei, Orangenschale und 1 Teelöffel Dill zugeben, dann salzen und pfeffern. Die Zutaten vermengen. Die Mischung zu kleinen Kugeln formen und auf einen Teller legen. Mit Frischhaltefolie abgedeckt 30 Minuten im Kühlschrank ruhen lassen.

2. Das Öl in einem Bräter erhitzen. Zwiebeln, restlichen Knoblauch und Karotten darin bei geringer Hitze unter Rühren 5 Minuten weich dünsten. Pilze und Paprikapulver untermischen und unter Rühren weitere 3 Minuten garen. Mit Brühe und Wein ablöschen. Kümmel und restlichen Dill zufügen. Bei mittlerer Hitze unter Rühren aufkochen.

3. Die Hackbällchen in die Sauce geben und zum Kochen bringen. Dann die Hitze reduzieren und bei geschlossenem Deckel unter gelegentlichem Rühren 1 Stunde schmoren. Die Kartoffeln zufügen und etwa 20 Minuten mitgaren, bis sie weich sind.

4. Die Speisestärke mit dem Wasser anrühren und mit der sauren Sahne in die Sauce geben. Unter Rühren etwa 2–3 Minuten eindicken lassen, aber nicht kochen. Mit Paprika bestäuben und mit Petersilie garnieren. Sofort servieren.

Ausgefallen

83

Chinesische Suppe mit Hackbällchen

Für 4–6 Personen

5 getrocknete chinesische Pilze
350 g Rinderhackfleisch
1 Zwiebel, fein gehackt
1 Knoblauchzehe, zerdrückt
1 EL Speisestärke
1 Ei, leicht verquirlt
850 ml Rinderbrühe
1 Handvoll Brunnenkresse
3 Frühlingszwiebeln, fein gehackt
2 EL Sojasauce

1. Die Pilze in einer Schüssel mit warmem Wasser bedecken und 15 Minuten einweichen. Das Wasser abgießen und die Pilze ausdrücken. Die Stiele entfernen und die Kappen in dünne Scheiben schneiden.

2. Hackfleisch, Zwiebel, Knoblauch, Speisestärke und Ei in einer Schüssel gut vermengen. Die Hackfleischmischung zu Bällchen formen. Die Bällchen in eine Schüssel Eiswasser geben und 15 Minuten fest werden lassen.

3. Die Brühe in einen großen Topf füllen und zum Kochen bringen. Die Hackbällchen gut abtropfen lassen und in die Brühe geben. Die Brühe erneut zum Kochen bringen. Dann die Hitze reduzieren und die Hackbällchen 10 Minuten gar ziehen lassen. Pilze, Brunnenkresse, Frühlingszwiebeln und Sojasauce zugeben und 2 Minuten erhitzen. Sofort servieren.

84

Hacksuppe mit Ingwer & Zitronengras

1. Die Nudeln in eine Schüssel geben. Mit heißem Wasser bedecken und 15–20 Minuten einweichen. Gut abtropfen lassen und in mundgerechte Stücke schneiden.

2. Hackfleisch, Schalotten und 1 Esslöffel Fischsauce in eine große Schüssel geben. Mit Pfeffer würzen und die Zutaten gut vermengen. Mit Frischhaltefolie abgedeckt 30 Minuten in den Kühlschrank stellen.

3. 2 Esslöffel Öl in einer Pfanne erhitzen und das Hackfleisch darin 8–10 Minuten anbräunen.

4. 1 Esslöffel Öl in einem großen Topf erhitzen. Reis und Ingwer darin bei geringer Hitze unter Rühren 1 Minute anbraten. Mit dem Wasser ablöschen, das Hackfleisch zufügen und bei mittlerer Hitze zum Kochen bringen. Die Hitze reduzieren und bei halb aufliegendem Deckel 20–30 Minuten köcheln, bis der Reis gar ist. Zucker und restliche Fischsauce einrühren. Mit Salz abschmecken.

5. Das restliche Öl in einer kleinen Pfanne erhitzen. Knoblauch und Zitronengras darin bei geringer bis mittlerer Hitze unter Rühren 1 Minute andünsten. Dann mit den Reisnudeln in die Suppe geben und unter Rühren zum Kochen bringen. Dabei zu große Fleischklümpchen mit einem Holzlöffel zerdrücken. In vorgewärmte Schalen füllen. Mit Erdnüssen, Frühlingszwiebeln und Koriander garnieren. Sofort servieren.

Für 6 Personen

- 50 g Reisbandnudeln
- 250 g Rinderhackfleisch (vorzugsweise Tatar)
- 2 Schalotten, fein gehackt
- 4 EL thailändische Fischsauce
- Pfeffer
- 4 EL Erdnussöl
- 80 g Langkornreis
- 1 TL frisch geriebener Ingwer
- 1,5 l Wasser
- 1 EL brauner Zucker
- Salz
- 2 Knoblauchzehen, zerdrückt
- 1 EL sehr fein gehacktes Zitronengras
- 2 EL grob gehackte, geröstete, ungesalzene Erdnüsse
- 2 Frühlingszwiebeln, schräg in Ringen
- 1 EL frisch gehackter Koriander

85

Hackfleisch-Pinienkern-Taschen

Ergibt 15 Stück

- 1 EL Olivenöl
- 1 kleine Zwiebel, gehackt
- 2 Knoblauchzehen, zerdrückt
- 1 TL gemahlener Koriander
- 1 TL gemahlener Kreuzkümmel
- 300 g Rinderhackfleisch
- 4 EL frisch gehackte Minze
- 2 EL Pinienkerne
- Salz
- 2 Kartoffeln, in kleinen Stücken
- 50 g geriebener Kefalotiri (griechischer Hartkäse) oder Gouda
- 120 g Butter, zerlassen
- 10 Filoteigblätter
- 1 Portion Tomatensauce (siehe Seite 58)

1. Das Öl in einer großen Pfanne erhitzen. Zwiebel und Knoblauch darin bei geringer Hitze unter Rühren 5 Minuten weich dünsten. Koriander und Kreuzkümmel zugeben und unter Rühren weitere 3 Minuten garen. Hackfleisch, die Hälfte der Minze und die Pinienkerne zufügen und bei mittlerer Hitze 8–10 Minuten gleichmäßig anbräunen. Dabei häufig rühren und Klümpchen mit einem Holzlöffel zerdrücken. Salzen und die Pfanne vom Herd nehmen.

2. Die Kartoffeln in einem Topf mit Salzwasser 10–15 Minuten kochen, bis sie gar sind. Gut abtropfen lassen. In eine Schüssel geben und glatt stampfen. Den Käse unterrühren, bis er geschmolzen ist. Die Hackfleischmischung unterheben.

3. Den Backofen auf 200 °C vorheizen. 2 Backbleche mit etwas zerlassener Butter einfetten. Die Hälfte der Teigblätter mit Butter bestreichen, jeweils mit einem zweiten Teigblatt bedecken und nochmals mit Butter bestreichen. Längs in 3 Streifen schneiden. Je 1 gehäuften Esslöffel Hackfleischmischung auf eine Ecke der Teigstreifen setzen. Die andere Ecke zu einem Dreieck darüberklappen und weiter bis zum Ende des Teigstreifens auffalten. Auf das vorbereitete Backblech legen. Mit der restlichen Butter bestreichen und im vorgeheizten Ofen 8–10 Minuten goldbraun backen.

4. Die restliche Minze in die Tomatensauce rühren und sanft erhitzen. Die Teigtaschen warm mit der Tomatensauce servieren.

86

Russische Piroggen

Ergibt 40–45 Stück

4 EL Butter, plus etwas zum Einfetten
1 Zwiebel, fein gehackt
250 g Rinderhackfleisch
50 g gekochter Reis
2 EL saure Sahne
1 TL Worcestersauce
1 TL Kümmelsamen
1 hart gekochtes Ei, gehackt
Salz und Pfeffer
1 Ei, mit 1 TL Wasser verquirlt

Teig
350 g Mehl, plus etwas mehr zum Bestäuben
1 Prise Salz
3 EL Frischkäse
125 g Butter
3 EL Wasser
3 EL Sahne

1. Für den Teig Mehl und Salz in eine Schüssel sieben. Frischkäse und Butter mit den Fingern hineinreiben, bis eine feinkrümelige Masse entstanden ist. Nacheinander je 1 Esslöffel Wasser und Sahne einarbeiten. Den Vorgang zwei weitere Male wiederholen. Falls nötig, noch weiteres Wasser einarbeiten. Den Teig zu einer Kugel formen und in Frischhaltefolie geschlagen 30 Minuten im Kühlschrank ruhen lassen.

2. In der Zwischenzeit die Butter in einem Topf zerlassen. Die Zwiebel darin bei geringer Hitze unter Rühren 5 Minuten weich dünsten. Das Hackfleisch zufügen und bei mittlerer Hitze 8–10 Minuten gleichmäßig anbräunen. Dabei häufig rühren und Klümpchen mit einem Holzlöffel zerdrücken. Den Topf vom Herd nehmen. Reis, saure Sahne, Worcestersauce, Kümmel und hart gekochtes Ei zugeben. Salzen und pfeffern. Die Zutaten sorgfältig vermengen.

3. Den Backofen auf 200 °C vorheizen und 2 Backbleche einfetten. Den Teig auf einer leicht bemehlten Arbeitsfläche 3 mm dick ausrollen und Kreise (8 cm Ø) ausstechen. Je 1 Teelöffel Hackfleischmasse auf die Teigkreise setzen und die Ränder mit Ei bestreichen. Zu Halbkreisen zusammenklappen und die Ränder mit einer Gabel oder den Fingern zusammendrücken. Auf die Bleche legen und mit dem restlichen Ei bestreichen. Im Ofen 20 Minuten goldbraun backen. Sofort servieren.

87

Hackfleischterrine mit Wildreis

1. Den Backofen auf 180 °C vorheizen. Den Reis abtropfen lassen und in eine Schüssel geben. Hackfleisch, Zwiebeln, Knoblauch, Karotten, Senf und Eier zugeben. Salzen und pfeffern. Die Zutaten von Hand sorgfältig vermengen.

2. Die Mischung in eine Kastenform (24 cm) füllen und die Oberfläche glatt streichen. Im Ofen 1½ Stunden backen, bis klarer Fleischsaft austritt, wenn man mit einem Holzspieß hineinsticht.

3. Das Fett aus der Form abgießen. Die Terrine mit einem Messer vom Rand der Form lösen und auf eine vorgewärmte Servierplatte stürzen. Mit Salbei garnieren und mit Tomatensauce servieren.

Für 6 Personen

- 120 g Wildreis, abgespült und über Nacht eingeweicht
- 500 g Rinderhackfleisch
- 2 Zwiebeln, fein gehackt
- 2 Knoblauchzehen, zerdrückt
- 4 Karotten, geraspelt
- 1 EL Dijon-Senf
- 2 Eier, leicht verquirlt
- Salz und Pfeffer
- frische Salbeiblätter, zum Garnieren
- 1 Portion Tomatensauce (siehe Seite 58), zum Servieren

88

Pilaw

Für 4–6 Personen

- 125 ml Olivenöl
- 3 Zwiebeln, fein gehackt
- 3 Knoblauchzehen, zerdrückt
- 800 g Langkornreis
- 1 TL gemahlener Kreuzkümmel
- 1 TL Kurkuma
- 1 TL gemahlener Koriander
- 1,7 l Rinderbrühe
- 600 g Rinderhackfleisch
- 1 Prise gemahlener Mazis (Muskatblüte)
- 1 TL Kreuzkümmelsamen
- 2 EL frisch gehackte Minze
- Salz und Pfeffer
- 125 g Butter
- frischer Koriander, zum Garnieren

1. 3 Esslöffel Öl in einem Topf erhitzen. Je zwei Drittel von Zwiebeln und Knoblauch darin bei geringer Hitze unter Rühren 5 Minuten weich dünsten. Reis, Kreuzkümmel, Kurkuma und Koriander zugeben und unter Rühren 1 Minute andünsten. Mit der Brühe ablöschen und zum Kochen bringen. Die Hitze wieder reduzieren und bei geschlossenem Deckel unter gelegentlichem Rühren 15–20 Minuten kochen, bis der Reis gar und die Brühe absorbiert ist.

2. Restliche Zwiebel und Knoblauch, Hackfleisch, Mazis, Kreuzkümmelsamen und Minze in eine Schüssel geben. Salzen und pfeffern. Die Zutaten von Hand sorgfältig vermengen und zu walnussgroßen Bällchen formen.

3. Das restliche Öl in einer Pfanne erhitzen. Die Hackbällchen darin bei mittlerer Hitze 6–8 Minuten unter gelegentlichem Wenden braten, bis sie braun und durchgegart sind. Die Hackbällchen aus der Pfanne heben und auf Küchenpapier abtropfen lassen.

4. Den Reis vom Herd nehmen und die Butter unterziehen. Die Hackbällchen unterheben. In eine vorgewärmte Servierschüssel füllen. Mit Koriander garnieren und sofort servieren.

89

Fleischpastete

1. Den Backofen auf 180 °C vorheizen. Eine Kastenform (25 cm) einfetten. Hackfleisch, Semmelbrösel, Zwiebeln, Knoblauch, Äpfel, Senf und Petersilie in einer Schüssel vermengen. Ein Ei mit der Brühe verquirlen und zum Hackfleisch geben. Salzen und pfeffern. Die Zutaten sorgfältig vermengen.

2. Die Hackfleischmischung in die Form füllen. Die Form in einen großen Bräter setzen. Bis zur halben Höhe der Kastenform mit Wasser füllen. Im Ofen 45 Minuten garen. Die Kastenform aus dem Bräter nehmen. Mit Backpapier bedecken und mit kleinen Konservendosen beschweren. Abkühlen lassen. Dosen und Papier entfernen und den Hackbraten auf ein Schneidebrett stürzen.

3. Den Backofen auf 220 °C vorheizen. Den Blätterteig auf einer leicht bemehlten Arbeitsfläche zu einem 3–5 mm dicken Rechteck ausrollen. Den Hackbraten in die Mitte setzen. Die Teigränder mit Wasser befeuchten und über den Hackbraten schlagen, sodass er vollständig eingehüllt ist. Überstehenden Teig abschneiden. Den Hackbraten mit der Nahtseite nach unten auf ein Backblech setzen. Die Teigreste ausrollen und dekorative Formen ausschneiden. Mit Wasser bestreichen und die Teigoberfläche damit verzieren. Das restliche Ei verquirlen und den Blätterteig damit bestreichen. 2–3 Schlitze zum Entdampfen hineinschneiden.

4. Im Ofen 35 Minuten backen, bis der Teig aufgegangen und goldbraun ist. Warm oder kalt servieren.

Für 4 Personen

Butter, zum Einfetten
* 350 g Rinderhackfleisch
50 g frische Semmelbrösel
* 2 Zwiebeln, fein gehackt
* 1 Knoblauchzehe, zerdrückt
2 Kochäpfel, geschält, entkernt und fein gehackt
1 EL Dijon-Senf
2 EL frisch gehackte Petersilie
2 Eier
4 EL Rinderbrühe
* Salz und Pfeffer
300 g Blätterteig, TK-Ware aufgetaut
Mehl, zum Bestäuben

90

Arancini - Reiskroketten

Für 4 Personen

300 g Langkornreis
4 EL Butter
2 EL frisch geriebener Parmesan
1 EL frisch gehackte Petersilie
1 EL Olivenöl
✳ 1 Schalotte, fein gehackt
✳ 1 Knoblauchzehe, zerdrückt
✳ 125 g Rinderhackfleisch
100 ml trockener Weißwein
2 EL Tomatenmark
✳ Salz und Pfeffer
125 g Mozzarella, gewürfelt
2 Eier
60 g Mehl
Sonnenblumenöl, zum Frittieren

1. Den Reis in einem Topf mit Salzwasser 15–20 Minuten garen. Mit kochendem Wasser abspülen, abtropfen lassen und zurück in den Topf geben. Die Hälfte der Butter, Parmesan und Petersilie untermischen. Zum Abkühlen auf einem Backblech ausbreiten.

2. Die restliche Butter mit dem Olivenöl in einem Topf zerlassen. Schalotte und Knoblauch darin bei geringer Hitze unter Rühren 5 Minuten weich dünsten. Das Hackfleisch zufügen und bei mittlerer Hitze 5–8 Minuten gleichmäßig anbräunen. Dabei häufig rühren und Klümpchen mit einem Holzlöffel zerdrücken. Den Wein zugießen und 5 Minuten garen. Die Hitze reduzieren. Das Tomatenmark unterrühren und bei geschlossenem Deckel 15 Minuten köcheln. Mit Salz und Pfeffer abschmecken. Den Topf vom Herd nehmen.

3. Den Reis zu etwa 5 cm dicken Kugeln formen und ein kleines Loch in die Mitte drücken. 1 Esslöffel Hackfleischmischung und einen Mozzarellawürfel hineingeben. Mit dem Reis umschließen und wieder zu Kugeln formen.

4. Die Eier auf einem tiefen Teller leicht verquirlen. Das Mehl auf einem zweiten Teller verteilen. Die Reisbällchen zuerst im Ei, danach im Mehl wenden. Reichlich Sonnenblumenöl in einer Fritteuse auf 180 °C erhitzen, bis ein Brotwürfel darin in 30 Sekunden braun wird. Die Reisbällchen portionsweise goldbraun frittieren. Auf Küchenpapier abtropfen lassen und sofort servieren.

91

Französische Hacksteaks in Rotweinsauce

1. 2 Esslöffel Butter in einer Pfanne zerlassen. Zwiebeln und Knoblauch darin bei geringer Hitze unter Rühren 5 Minuten weich dünsten. In eine Schüssel füllen. Hackfleisch, Oregano, Petersilie und Ei zugeben. Salzen und pfeffern. Die Zutaten von Hand sorgfältig vermengen.

2. 4 Hacksteaks formen, etwa 2 cm dick, und mit Mehl bestäuben, überschüssiges Mehl abklopfen.

3. 2 Esslöffel Butter mit dem Öl in einer Pfanne zerlassen. Die Hacksteaks darin von jeder Seite bis zur gewünschten Garstufe braten. Auf einen vorgewärmten Servierteller heben und warm halten.

4. Das Fett aus der Pfanne abgießen. Den Wein angießen und bei mittlerer bis starker Hitze auf etwa die Hälfte einkochen. Die restliche Butter würfeln. Die Pfanne vom Herd nehmen und die Butterwürfel einzeln in die Sauce rühren. Mit Salz und Pfeffer würzen. Die Sauce über die Hacksteaks gießen. Mit Petersilie garnieren und sofort servieren.

Für 4 Personen

6 EL Butter
2 rote Zwiebeln, fein gehackt
1 Knoblauchzehe, zerdrückt
650 g Rinderhackfleisch
½ TL getrockneter Oregano
1 EL frisch gehackte Petersilie, plus etwas mehr zum Garnieren
1 Ei, leicht verquirlt
Salz und Pfeffer
60 g Mehl
1 EL Olivenöl
150 ml Rotwein

92

Wintertopf mit Kürbis

1. Zwiebel, Hackfleisch, Minze und Zimt in eine Schüssel geben. Salzen und pfeffern. Die Zutaten vermengen. In 8 gleich große Portionen teilen und zu kleinen Frikadellen formen.

2. 4 Esslöffel Butter in einer Pfanne zerlassen. Die Frikadellen, gegebenenfalls portionsweise, 3–4 Minuten von jeder Seite leicht anbräunen. Auf einen Teller heben.

3. Den Backofen auf 190 °C vorheizen. Eine große Auflaufform einfetten. Den Reis in einem großen Topf mit Salzwasser 15–20 Minuten garen. Mit kochendem Wasser abspülen und gut abtropfen lassen.

4. Die Hälfte des Reises in die Form füllen. Die restliche Butter zerlassen und die Hälfte davon über den Reis träufeln. Die Frikadellen darauf verteilen und mit dem restlichen Reis bedecken. Die Kürbiswürfel darauf verteilen. Mit dem Zucker bestreuen und mit der restlichen zerlassenen Butter beträufeln. Abgedeckt im Ofen 25–30 Minuten backen, bis der Kürbis gar ist. Sofort servieren.

Für 4 Personen

- 1 Zwiebel, fein gehackt
- 500 g Rinderhackfleisch
- 1 EL fein gehackte frische Minze
- ½ TL Zimt
- Salz und Pfeffer
- 175 g Butter, plus etwas mehr zum Einfetten
- 250 g Langkornreis
- 500 g Kürbis, geschält, entkernt und gewürfelt
- 2 EL brauner Zucker

93

Hackbällchen in Walnusssauce

Für 4 Personen

- 1 Scheibe Weißbrot, ohne Rinde
- 2 EL warme Milch
- 500 g Rinderhackfleisch
- 1 Knoblauchzehe, zerdrückt
- 1 EL fein abgeriebene Zitronenschale
- 1 Ei, leicht verquirlt
- Salz und Pfeffer
- 6 EL Butter
- 3 Zwiebeln, fein gehackt
- 120 g Walnusskerne, fein gehackt
- 600 ml Wasser
- 5 EL Granatapfelsaft
- 1 EL Zitronensaft
- 2 EL Zucker
- Zitronenzesten, zum Garnieren

1. Das Brot in Stücke zupfen. Mit der Milch in eine Schüssel geben und 5 Minuten einweichen. Hackfleisch, Knoblauch, Zitronenschale und Ei zugeben. Salzen und pfeffern. Die Zutaten sorgfältig vermengen und von Hand zu etwa walnussgroßen Kugeln formen.

2. 4 Esslöffel Butter in einer Pfanne zerlassen. Die Hackbällchen darin portionsweise bei mittlerer Hitze 5 Minuten rundum anbräunen. Mit einem Schaumlöffel herausheben.

3. Die restliche Butter in einem großen Topf zerlassen. Die Zwiebeln darin bei geringer Hitze unter Rühren 5 Minuten weich dünsten. Die Walnüsse zufügen und unter Rühren weitere 5 Minuten garen. Mit dem Wasser ablöschen und zum Kochen bringen. Granatapfelsaft, Zitronensaft und Zucker zufügen. Salzen und pfeffern. Die Hitze reduzieren und unter häufigem Rühren 30 Minuten köcheln.

4. Die Hackbällchen in die Walnusssauce geben und etwa 1½ Stunden sanft köcheln, bis die Sauce sehr stark eingedickt ist. Auf eine vorgewärmte Servierplatte geben. Mit Zitronenzesten garnieren und sofort servieren.

94

Hackfleischpfanne mit Gemüse & Früchten

1. Das Öl in einer großen Pfanne erhitzen. Zwiebeln, Knoblauch, Sellerie und Paprika darin bei geringer Hitze unter gelegentlichem Rühren 5 Minuten weich dünsten. Das Hackfleisch zufügen und bei mittlerer Hitze 8–10 Minuten gleichmäßig anbräunen. Dabei häufig rühren und Klümpchen mit einem Holzlöffel zerdrücken.

2. Tomaten, weiße Bohnen, Tomatenmark, Chilipulver, Muskatnuss, Äpfel, Aprikosen, Mandeln und grüne Bohnen zugeben. Salzen und pfeffern. Die Hitze reduzieren und bei geschlossenem Deckel 5 Minuten köcheln. Dann den Deckel abnehmen und weitere 10 Minuten garen. Mit den Mandelblättchen garnieren und sofort servieren.

Für 4 Personen

- 3 EL Sonnenblumenöl
- 2 Zwiebeln, fein gehackt
- 2 Knoblauchzehen, zerdrückt
- 2 Selleriestangen, klein gewürfelt
- 1 rote Paprika, klein gewürfelt
- 1 kg Rinderhackfleisch
- 400 g gehackte Tomaten aus der Dose
- 400 g weiße Bohnen aus der Dose, abgespült und abgetropft
- 6 EL Tomatenmark
- 1 TL Chilipulver
- ½ TL frisch geriebene Muskatnuss
- 2 Kochäpfel, klein gewürfelt
- 50 g getrocknete Aprikosen, gehackt
- 2 EL Mandelblättchen, plus etwas mehr zum Garnieren
- 120 g Prinzessbohnen, TK-Ware aufgetaut
- Salz und Pfeffer

95

Rinderrouladen

1. Den Backofen auf 180 °C vorheizen. Hackfleisch, Schalotte, Butter, Semmelbrösel, Zitronenschale und Oliven in eine Schüssel geben und gut mischen. Das Ei zufügen, salzen und pfeffern. Nochmals sorgfältig vermengen. Die Rouladen mit der Hackfleischmischung bestreichen, aufrollen und mit Küchengarn fixieren.

2. Das Öl in einem Bräter erhitzen. Die Rouladen bei mittlerer Hitze rundum anbräunen. Mit einem Schaumlöffel herausnehmen und beiseitelegen.

3. Zwiebeln, Knoblauch und Karotten in den Bräter geben und bei geringer Hitze unter Rühren 5 Minuten weich dünsten. Mit der Brühe ablöschen. Tomaten und Lorbeerblatt zufügen und zum Kochen bringen. Den Topf vom Herd nehmen und die Rouladen wieder hineingeben. Im Ofen 1½ Stunden schmoren.

4. Den Bräter aus dem Ofen nehmen und die Rouladen herausnehmen. Das Küchengarn entfernen und die Rouladen auf eine vorgewärmte Servierplatte geben. Die Schmorflüssigkeit in eine Schüssel passieren, dabei das Gemüse mit einem Löffelrücken ausdrücken. Die Sauce mit Salz und Pfeffer abschmecken und über die Rouladen gießen. Mit Petersilie garnieren und sofort servieren.

Für 4 Personen

- 175 g Rinderhackfleisch
- 1 Schalotte, fein gehackt
- 2 EL zerlassene Butter
- 30 g frische Semmelbrösel
- abgeriebene Schale von 1 Zitrone
- 6 grüne Oliven, gehackt
- 1 Ei, leicht verquirlt
- Salz und Pfeffer
- 4 Rinderrouladen, 5 mm dick
- 2 EL Olivenöl
- 2 Zwiebeln, fein gehackt
- 1 Knoblauchzehe, zerdrückt
- 2 Karotten, klein gewürfelt
- 300 ml Rinderbrühe
- 2 Tomaten, gehäutet, entkernt, in Scheiben
- 1 Lorbeerblatt
- 3 EL fein gehackte frische Petersilie

96

Bœuf Stroganow mit Hackfleisch

1. 2 Esslöffel Öl in einer großen Pfanne erhitzen. Zwiebel und Knoblauch darin bei geringer Hitze unter gelegentlichem Rühren 5 Minuten weich dünsten. Die Pilze zufügen und unter häufigem Rühren 5 Minuten dünsten. Mit einem Schaumlöffel auf einen Teller heben.

2. Das restliche Öl in der Pfanne erhitzen. Das Hackfleisch zufügen und bei mittlerer Hitze 5–8 Minuten gleichmäßig anbräunen. Dabei häufig rühren und Klümpchen mit einem Holzlöffel zerdrücken. So viel Fett wie möglich abgießen.

3. Die Hitze reduzieren, die Pilze zurück in die Pfanne geben und den Weinbrand zugießen. Unter ständigem Rühren erhitzen, bis der Alkohol verdampft ist. Mit der Brühe ablöschen. Salzen und pfeffern. Unter Rühren 15 Minuten sanft köcheln.

4. Saure Sahne und Petersilie einrühren und noch 1 Minute erhitzen. Mit Petersilie garnieren und sofort servieren.

Für 4 Personen

3 EL Sonnenblumenöl
* 1 Zwiebel, gehackt
* 2 Knoblauchzehen, zerdrückt

250 g Champignons, in Scheiben
* 500 g Rinderhackfleisch

2 EL Weinbrand
150 ml Rinderbrühe
* Salz und Pfeffer

150 g saure Sahne
2 EL frisch gehackte Petersilie, plus etwas mehr zum Garnieren

97

Rollbraten mit Frischkäsefüllung

Für 4 Personen

- 1 EL Olivenöl
- 1 kleine Zwiebel, fein gehackt
- 1 Knoblauchzehe, zerdrückt
- 125 g Rinderhackfleisch
- 1 EL frisch gehackte Petersilie
- 1 EL frische Schnittlauchröllchen
- Salz und Pfeffer
- 4 Rinderrouladen (5–8 mm dick)
- 200 g Frischkäse mit Knoblauch und Kräutern
- 2 EL Barbecuesauce

1. Den Backofen auf 190 °C vorheizen. Das Öl in einem Topf erhitzen. Zwiebel und Knoblauch darin bei geringer Hitze unter Rühren 5 Minuten weich dünsten. Das Hackfleisch zufügen und bei mittlerer Hitze 8–10 Minuten gleichmäßig anbräunen, dabei häufig rühren und Klümpchen mit einem Holzlöffel zerdrücken. Möglichst viel Fett abgießen. Die Kräuter unter das Hackfleisch mischen, dann salzen und pfeffern. Die Mischung abkühlen lassen.

2. Die Rouladenscheiben einander überlappend auf ein Stück Frischhaltefolie legen. Mit einem zweiten Stück Folie bedecken und mit einem Fleischklopfer plattieren, bis sie gleichmäßig dünn sind. Die obere Frischhaltefolie entfernen und das Fleisch mit der Hackfleischmischung und dem Frischkäse bestreichen.

3. Das Ganze mithilfe der unteren Frischhaltefolie aufrollen, die Folie entfernen und die Rolle mit Küchengarn fixieren. In eine Bratform legen und mit der Barbecuesauce bestreichen. Im Ofen 1–1¼ Stunden braten.

4. Die Rolle aus der Form nehmen und auf ein Schneidebrett heben. Das Küchengarn entfernen und den Rollbraten in Scheiben schneiden. Sofort servieren.

98

Auberginenstrudel

Für 4 Personen

- 100 ml Olivenöl, plus etwas mehr zum Bestreichen
- 1 Zwiebel, gerieben
- 1 Knoblauchzehe, zerdrückt
- 250 g Rinderhackfleisch
- 2 Tomaten, gehäutet, entkernt und klein gewürfelt
- Salz und Pfeffer
- 1 Ei, leicht verquirlt
- 80 g frisch geriebener Gruyère
- 1 Prise frisch geriebene Muskatnuss
- 125 ml Bechamelsauce (siehe Seite 70)
- 3 Auberginen, geschält, in 5 mm dicken Scheiben
- 6 Filoteigblätter

1. 2 Esslöffel Öl in einer Pfanne erhitzen. Zwiebel und Knoblauch darin bei mittlerer Hitze unter Rühren 5 Minuten weich dünsten. Das Hackfleisch zufügen und 8–10 Minuten gleichmäßig anbräunen. Dabei häufig rühren und Klümpchen mit einem Holzlöffel zerdrücken. Möglichst viel Fett abgießen.

2. Die Pfanne wieder auf den Herd stellen. Die Tomaten zufügen, salzen und pfeffern und 15–20 Minuten köcheln, bis die Mischung eingedickt ist. Abkühlen lassen. Ei, Käse und Muskatnuss in die Bechamelsauce rühren. Dann die Sauce in die Hackfleischmischung rühren.

3. Den Backofen auf 180 °C vorheizen. Die Hälfte des restlichen Öls in einer Pfanne erhitzen. Die Auberginenscheiben darin portionsweise von beiden Seiten goldbraun anbraten. Auf Küchenpapier abtropfen lassen.

4. Ein Backblech mit Öl einfetten. Je 3 Teigblätter mit Öl bestreichen und aufeinanderlegen. Eine Längsseite mit der Hälfte der Auberginenscheiben belegen. Dabei an beiden Enden einen 5 cm breiten Rand lassen. Die Hälfte der Fleischmischung darauf verteilen. Die Teigblätter aufrollen. Mit den restlichen Zutaten einen zweiten Strudel zubereiten.

5. Die Strudel auf das Blech legen und mit Öl bestreichen. Im Ofen 35–40 Minuten goldbraun backen. Sofort servieren.

99

Schinken-Hackfleisch-Terrine in Aspik

Für 4–6 Personen

- Sonnenblumenöl, zum Bestreichen
- 500 g Rinderhackfleisch
- 500 g gekochter Schinken, sehr fein gewürfelt
- 2 Schalotten, fein gehackt
- 50 g frische Semmelbrösel
- 1 EL Ketchup
- 2 TL frisch gehackter Thymian
- 1 EL frisch gehackte Petersilie
- Salz und Pfeffer
- 2 Eier, leicht verquirlt
- 3 EL Wasser
- 300 ml Rinderbrühe
- 2 TL gemahlene Gelatine
- 1 EL Tomatenmark

1. Eine Soufflé-Form (1,5 l) mit Öl einfetten. Aus Backpapier und Alufolie je einen Kreis ausschneiden, der 10 cm größer ist als der Durchmesser der Form. Die Kreise aufeinanderlegen und in der Mitte eine 2–3 cm breite Falte ziehen.

2. Hackfleisch, Schinken, Schalotten, Semmelbrösel, Ketchup und Kräuter in eine Schüssel geben. Salzen und pfeffern. Die Eier zugeben und alles vermengen. Die Mischung in die Form füllen. Mit dem Alufolien-Backpapier-Deckel (Folienseite nach oben) bedecken und mit Küchengarn befestigen.

3. Die Form in einen großen Topf stellen und bis zu halber Höhe der Form mit kochendem Wasser auffüllen. Bei geschlossenem Deckel 3 Stunden dämpfen. Falls nötig, weiteres kochendes Wasser zugießen. Die Form aus dem Topf nehmen. Den Deckel entfernen und das Fett abgießen. Die Terrine auf einen Servierteller stürzen und völlig abkühlen lassen. Dann 1 Stunde im Kühlschrank ruhen lassen.

4. Wasser und 3 Esslöffel kalte Brühe in eine kleine Schüssel füllen. Die Gelatine einstreuen und 5 Minuten quellen lassen. In einem Topf unter Rühren sanft erhitzen, bis die Gelatine sich aufgelöst hat. Restliche Brühe und Tomatenmark zugeben, salzen und pfeffern und bei sanfter Hitze glatt rühren. Den Topf vom Herd nehmen und die Flüssigkeit abkühlen lassen. Die Terrine mit dem erkalteten, aber noch nicht festen Aspik bestreichen. Im Kühlschrank fest werden lassen.

100

Chinesische Nudeln mit Hackfleisch & Gemüse

Für 4 Personen

- 500 g chinesische Eiernudeln
- Salz
- 3 EL Erdnussöl
- 3 Frühlingszwiebeln, in Ringen
- 2 Knoblauchzehen, zerdrückt
- 1-cm-Stück frische Ingwerwurzel, fein gehackt
- 350 g Rinderhackfleisch
- 1 EL Sesamöl
- 5 EL Sojasauce
- 2 EL chinesischer Reiswein
- 1 EL Zucker
- 1 EL Speisestärke
- 4 EL Wasser

Zum Servieren

- 120 g frische Bohnensprossen, blanchiert
- 120 g Chinakohl, in feinen Streifen, blanchiert
- 120 g Karotten, in Stiften, blanchiert
- 120 g Gurke, in Stiften
- 120 g Radieschen, in Stiften

1. Die Nudeln in einem großen Topf mit Salzwasser nach Packungsangaben garen. Abtropfen lassen und warm halten.
2. Einen Wok auf mittlerer Stufe erhitzen. Das Erdnussöl zufügen und durch Schwenken verteilen und erhitzen. Frühlingszwiebeln, Knoblauch und Ingwer darin unter Rühren 2 Minuten anbraten. Das Hackfleisch zufügen und 5 Minuten gleichmäßig anbräunen. Dabei ständig rühren und Klümpchen mit einem Holzlöffel zerdrücken. Sesamöl, Sojasauce, Reiswein und Zucker zufügen und unter Rühren weitere 3 Minuten garen.
3. In einer Schale die Speisestärke mit dem Wasser anrühren und in den Wok gießen. Unter Rühren köcheln, bis die Sauce eindickt und leicht glänzt.
4. Die Nudeln auf Servierschalen verteilen. Die Hackfleischmischung und das Gemüse darübergeben und sofort servieren.